ブックレット　近代文化研究叢書15

国会議事堂の誕生

仮議事堂からの5代にわたる建築史
（1886〜1936）

堀内　正昭

目　次

【凡　　例】

本文・引用・注記中の全角点「、」は全て半角カンマ「,」とした。

引用中のドイツ語からの翻訳は全て筆者に拠る。

引用は、原則として原文のままとしたが、変体仮名や旧字は概ね通行の字体に改め、句読点を補ったところがある。ルビは適宜省略し、(略)は中略を示し、［　］内は理解を助けるために筆者が補記した。

はじめに

　本書は，第一回帝国議会開催のために明治23（1890）年に建設された第一次国会仮議事堂[1]（以下，第一次仮議事堂または第一次と略す。第二次，第三次も同様）から昭和11（1936）年に竣工した現在の国会議事堂まで，建築を通史として辿る。仮議事堂とは，恒久的な議事堂が完成するまでの仮の建物という意味である。仮議事堂時代は，様々な事情で実に46年間続き，その間に建物の焼失により2度再建された。また，明治27（1894）年の日清戦争勃発により，大本営の移った広島に，帝国議会開催用に臨時に建てられた議事堂を含めると，計4棟の仮議事堂が建てられたことになり，今日の国会議事堂は5代目の建物となる。本書では，国会議事堂を仮議事堂と区別する場合は本議事堂と記す。

　わが国の国会議事堂に興味を持ったのは，次の3つの理由による。まず，筆者が明治のお雇い外国人建築家エンデ＆ベックマンの研究をしていたこと，次に，彼らの遺作である法務省旧本館の復原改修工事に携わったこと[2]，そして，国会仮議事堂の図面が発見されたことである。

　エンデ＆ベックマンとはドイツ人建築家ヘルマン・エンデ（Hermann Ende, 1829〜1907）とヴィルヘルム・ベックマン（Wilhelm Böckmann, 1832〜1902）のことで，二人は1860年にベルリンで共同名を冠した建築事務所を開設した。以下，エンデ＆ベックマンと略す。

　エンデ＆ベックマンと日本との関係は，明治政府が欧米に引けを取らない諸官庁建築（官庁集中計画という）を建てるために彼らを招聘したことに始まる。ベックマンが明治19（1886）年に，翌20（1887）年にエンデがそれぞれ来日し，国会議事堂をはじめ，司法省庁舎（法務省旧本館），裁判所等の諸官庁建築を設計した。なお，エンデとベックマンの生い立ち，経歴，建築作品については，拙著『明治のお雇い建築家エンデ＆ベックマン』（井上書院，1989）を参照されたい。

　エンデ＆ベックマンの遺作として霞が関に立つ法務省旧本館（1895年竣工）は，昭和20（1945）年のアメリカ軍の空襲により炎上した。昭和23（1948）年から同25（1950）年に行われた復旧工事では，煉瓦壁体の頂部を約2m撤去した上で，屋根を天然スレート葺きから和瓦葺きとした。それに伴い屋根が緩勾配のものとなったほか，建物の3面にあったロッジア（吹放しの柱廊のこと）のうち西側正面以外の列柱を取り除く等の大きな改変がなされた。今私たちが見ている法務省旧本館は，平成3（1991）年から同7（1995）年に実施された改修工事により，創建時の姿に復原された建物である[3]。

　この復原改修工事に，筆者は，当時近代建築の保存活用の分野で多大な業績を上げておられた村松貞次郎先生（東京大学名誉教授，故人）とともに設計監修を行った。村松先生は大所高所から意見を開陳され，筆者はエンデ＆ベックマン関連資料を提供した。

創建時の姿に復するために，法務省旧本館の屋根形状，天然スレートの葺き方，新設する煉瓦ならびに銅板の色，復原室の内装など多岐にわたって議論を交わした。この改修工事は，保存ならびに復原の意味を根源的に考える上で大変貴重な学びの場となった。その後，改修工事から得られた様々な知見をもとに，創建時の小屋組，床構法，煉瓦の耐震技術等の解明のためにドイツと日本の技法書を紐解いて，建築史上における法務省旧本館の位置づけを行った[4]。この時の経験は，のちに様々な歴史的建築の復元（復原）考察を進めていく上での基準となった。

　ところで，現国会議事堂の建設に携わった大熊喜邦（1877〜1952）が，「本議事堂の図面や展望図を初め，諸官衙の絵画は内務，大蔵両省に永らく保存されてゐたが，先年の大震火災で焼亡したのは明治建築資料として惜い事であつた」[5]と回顧しているように，国会議事堂関連の原図は失われたものと考えられてきた。平成16（2004）年に神田の古書店主によって古物市場で見出された図面は，まさに発見であった[6]。筆者が同図面の鑑定を行い，それが国会議事堂に代わる第一次仮議事堂の実施図面であったと結論づけた。

　この発見図面がエンデ＆ベックマン研究の再出発を促し，拙著『ブックレット　近代文化研究叢書10　初代国会仮議事堂を復元する』（昭和女子大学近代文化研究所，2014）の刊行をはじめ，第二次と第三次，そして広島臨時仮議事堂に関する研究へと繋がっていった[7]。その際，とくに仮議事堂時代の4棟については，平面計画，意匠，そして議場小屋組を主とした構法を1棟ずつ調べ，それぞれの創建時の姿ならびに変遷内容を明らかにすることを目的に，図面（写真，絵画資料を含む）の分析を通じて建物の実像に迫るという方法をとっている。

　建築史の分野における国会議事堂関連研究については，本書各章の注記をご覧いただきたいが，仮議事堂から本議事堂までの成立史を一貫して図面で跡付けた研究はない。

　本書は全7章から構成される。第1章では，エンデ＆ベックマンによる国会議事堂原案から第一次仮議事堂が建設されるまで，第2章では，とくに第一次の議場の復元を試みる。第3章では第二次，第4章では広島臨時仮議事堂をそれぞれ扱い，第5章では，現在の本議事堂の設計が完了するまでを追い，第6章では第三次仮議事堂を取り上げる。第三次を本議事堂の後に置いたのは，本議事堂が第三次の竣工（1925年）以前の大正9（1920）年1月に地鎮祭を済ませていて，本議事堂が第三次に影響を及ぼしたと考えられるからである。そして，終章にてこれら5代にわたる議事堂の比較考察を行い，本議事堂誕生までの軌跡を明らかにする。

　なお，第1章から第4章まで，そして第6章はこれまで個々別々に発表してきた論文ならびに『初代国会仮議事堂を復元する』（前掲書）を新たに再構成したもので，第5章と第7章は新稿である。本書の副題の年代を「1886〜1936」としたのは，エンデ＆ベックマンによる本議事堂の設計が明治19（1886）年に開始されたことと，現国会議事堂の竣工年に因む。

註

1）歴代の仮議事堂の呼称は，営繕管財局編纂：『帝国議会議事堂建築報告書』（昭和13年）では第一回，第二回，第三回とし，衆議院 参議院編集：『目で見る議会政治百年史：議会制度百年史 別冊』（大蔵省印刷局発行，1990）では第一次，第二次，第三次とする。本書での呼称は後者に倣う。

2）本書では，復原と復元の同音異語を使用する。復原とは改変された現存建物を，復元とはすでに消滅した建物を対象に，それぞれ元の姿に戻す行為を指す。

3）法務省旧本館の復原改修工事については，次の2冊に詳しい。
　建設大臣官房官庁営繕部監修（受託　財団法人建築保全センター）：『中央合同庁舎第6号館赤れんが棟（法務省旧本館）保存改修記録』（平成7年3月）
　建設大臣官房官庁営繕部監修，法務省・赤れんが棟復原工事記録編集委員会編集：『法務省・赤れんが棟』（建築保存センター，新建築社発売，平成8年1月）

4）法務省旧本館に関する主要関連論文は以下の通りである。
　堀内正昭：「法務省旧本館に用いられた碇聯（ていれん）鉄構法に関する研究」，日本建築学会計画系論文集，第499号，1997.9，pp.193-198
　堀内正昭：「法務省旧本館の創建時の床構法に関する研究」，日本建築学会計画系論文集，第518号，1999.4，pp.277-282
　堀内正昭：「法務省旧本館の木構造技術に関する研究」，日本建築学会計画系論文集，第525号，1999.11，pp.287-292

5）大熊喜邦：「議事堂建築の概要」（『建築雑誌』623号所収），1937.2，p.198

6）第一次国会仮議事堂関連図面は昭和女子大学が購入し，本学図書館が貴重図書として所蔵している。

7）これまで国会仮議事堂に関して，筆者は以下の論文を発表した。
　堀内正昭：「国会仮議事堂の図面の変遷史―わが国の国会仮議事堂に関する研究」，日本建築学会計画系論文集，第604号，2006.6，pp.191-196
　堀内正昭：「初代国会仮議事堂の小屋組について―わが国の国会仮議事堂に関する研究　その2」，日本建築学会計画系論文集，第607号，2006.9，pp.179-184
　堀内正昭：「初代国会仮議事堂（竣工1890年）の屋根葺き材について」，2006年度日本建築学会大会学術講梗概集，pp.433-434
　堀内正昭：「初代国会仮議事堂（竣工1890年）の屋根伏せについて」，2006年度日本建築学会関東支部研究報告集，pp.429-432
　堀内正昭：「初代国会仮議事堂関連図面の発見とその構法について」，2008年度日本建築学会大会学術講梗概集，pp.195-196
　堀内正昭：「広島臨時仮議事堂（竣工1894年）における議場小屋組の構法について」，昭和女子大学学苑・環境デザイン学科紀要　873号，2013.7，pp.32-42
　堀内正昭：「広島臨時仮議事堂の平面計画ならびに議場小屋組について」（『妻木頼黄の建築と都市』，日本建築学会，2014所収），pp.76-97
　堀内正昭：「第二次国会仮議事堂の意匠，平面計画ならびに小屋組について―第一次仮議事堂との比較考察―」，昭和女子大学学苑・近代文化研究所紀要 935号，2018.9，pp.1-19
　堀内正昭：「第三次国会仮議事堂の意匠，平面計画ならびに小屋組について―第二次仮議事堂との比較考察―」，昭和女子大学学苑・環境デザイン紀要 957号，2020.7，pp.2-18

第1章　国会議事堂原案と第一次国会仮議事堂の建設までの経緯

　時は明治19（1886）年，外務大臣井上馨（1836〜1915）には，不平等条約の改正という克服しなければならない大きな課題があり，同年5月にはその条約改正会議を控えていた。井上は，先進諸外国と肩を並べるべく欧化政策をとり，その仕上げとして諸官庁の建設計画（官庁集中計画）を打ち上げた。同年2月には，内閣直属の臨時建築局を発足させ，初代総裁に井上自らが着任し，準備を着々と進めていった。そして，官庁集中計画実現のために，ヘルマン・エンデとヴィルヘルム・ベックマンは明治政府より「お雇い外国人」として招聘された。

　まず明治19（1886）年4月にベックマンが来日し，国会議事堂の構想を練った。ベックマンは同年8月に帰国し，図面はベルリンの建築事務所にて仕上げられ，翌明治20（1887）年5月，エンデがそれを携えて来日した。本章ではこれを国会議事堂原案と称す。その後，国会議事堂案は和洋折衷の代案が作成され，さらに煉瓦造から木造に構造を変更して仮議事堂案が作られるに至った。

　こうした変更を余儀なくされたのは，本格的な煉瓦造による建物は数年以上の工期を要し，明治23（1890）年11月に決定していた第1回帝国議会の開催に間に合わなかったからである。このような事情から政府は，現在の国会議事堂が立つ永田町の敷地を確保しつつ，別に敷地を用意して，工期を短縮できる木造に代えたのだった。その地は，現在経済産業省の立つ霞が関1丁目（旧麹町区内幸町）で，ここに第一次から第三次までの仮議事堂が建てられた。

　現国会議事堂の竣工時に営繕管財局工務部長であった大熊喜邦（1877〜1952）は，「第1回建築の仮議事堂（第一次国会仮議事堂のこと：筆者註）の平面を見ると，真中が皇室用の部分及共通の部分，左が貴族院右が衆議院と云ふ風な平面構成になつて居る。而してエンデ及ベックマンがやりました本議事堂の間取も亦大体斯う云ふ風な平面構成になつて居る」[1]と，仮議事堂案と本議事堂との類似性を指摘している。しかし，そこには本議事堂原案から仮議事堂案，そして本議事堂に至る複雑な図面の変遷の過程が省かれている。

図1　第一次国会仮議事堂外観（1888〜1890）

第一次国会仮議事堂の写真（図1）を見ると，大きな切妻屋根を頂く議場のある両翼部に比べて，中央棟はこぢんまりとしていて，建築の構成上のバランスは良いとは言えない。では，なぜ第一次はこのような創建時の姿になったのだろうか。本章では，エンデ＆ベックマンによる本議事堂原案から第一次仮議事堂の建設に至るまでの全過程を詳らかにする。

1－1　国会議事堂原案

　ヴィルヘルム・ベックマンは，ドイツを出国してから帰国するまでを日記にまとめ，それを『日本旅行記』（私家版）として刊行している[2]。同書の抄訳から，国会議事堂に関する記載を以下に抜粋する。

> 明治19（1886）年5月12日
> 私は青木氏に，議事堂のファサードの第一スケッチとともに，1階と2階の平面図を提出することができた。

> 同年6月20日
> 6月18日，首相に見積りとともに，議事堂と司法省の完成図面を提出するという栄誉に与った。

> 同年6月24日
> 今月の21日，天皇陛下に私の図面をご覧いただくために，陛下の御前に紹介されることになっていた。（略）説明役となったのは青木であった。私は彼とともに，持ってきた書類カバンのなかから適切な図面を選び出した。すなわち，議事堂と司法省の主要平面図とパース，陛下のためにとくに仕上げておいた首都計画図である。これらの図面は謁見所にもっていかれた。

　同日記に登場する首相は伊藤博文（1841～1909），青木は当時外務次官の青木周蔵（1844～1914）である。ベックマンが作成した図面は行方不明で，後にベルリンで仕上げられた図面との相違はわからないが，政府高官と天皇謁見用に作られた図面であったことから，相応の完成度であったと思われる。

　ベックマン帰国後，実際の設計担当者になったのは，ベルリンのエンデ＆ベックマン建築事務所の所員であったパウル・ケーラー（Paul Köhler, ？～1888）であった。パウル・ケーラーについては，日本ではほぼ無名であり，ドイツにおいても資料は散見される程度である。名前を頼りに資料を検索すると，「ドイツ建築新聞」（Deutsche Bauzeitung）に訃報記事が掲載されていた。

> 1888年2月7日，建築家パウル・ケーラーはアルコで死去した。彼は，1862年からベルリンのエンデ＆ベックマン建築事務所で働き続けた。同事務所は，一人の芸術的才能に恵まれた所員を失うことになる。[3]

エンデ&ベックマン建築事務所は1860年に開設されているので，ケーラーは最古参の所員の一人となる。なお，文中のアルコ（Arco）とは南チロルの都市で，冬期の温和な気候のため訪れる人の多い保養地であったようだ[4]。

さらに「ドイツ建築新聞」からケーラーの名を拾うと，「ベルリンのエンデ&ベックマン建築事務所の拡張」と題する記事があった。

> 信頼できる所員であるパウル・ケーラー，アドルフ・ハルトゥンク，そしてエドガー・ギーゼンブルクをエンデ&ベックマンのアトリエの共同出資者として扱い，事務所のために彼ら3名によってとくになされた図面には，彼らの名を記すこととする。[5]

事実，わが国の国会議事堂原案の図面にはエンデ&ベックマンに続いてケーラーの名が記されている。

図2　ドイチェス・ハウス協会会館（1888〜1891）

一所員として働いたケーラーの単独の業績を特定するのは困難であるが，確実にケーラーの仕事であったとみなせる作品に，チェコのブルノに建てられたドイチェス・ハウス協会会館がある[6]。ドイチェス・ハウス協会はチェコのモラヴィアを開拓したドイツ人のために設立され，同会館は明治20（1887）年4月に設計競技の告知がなされた。同年の秋に入選作の発表があり，翌21年3月，ドイツ建築新聞に1等入選案の図面が掲載されている（図2）。建物の完成は明治24（1891）年5月で，同年6月25日付の「ドイツ建築新聞」に竣工した建物の外観と平面図を見ることが出来る。その図面にはエンデ&ベックマン，P.ケーラーと記されているので，設計担当者がケーラーであったことがわかる。

同協会の建物は現存しないが，外観のコーニス（軒蛇腹），隅石，窓枠などの要所に砂岩を，壁面に化粧煉瓦を用い，強い傾斜屋根，装飾を施した切妻破風，尖塔をもつドイツ・ルネサンスのリバイバル様式で設計された。ケーラーは明治21（1888）年2月に死去しているので，同会館の完成を見届けられなかったが，入選の報を知って永眠したのはせめてもの救いであったと言えよう。

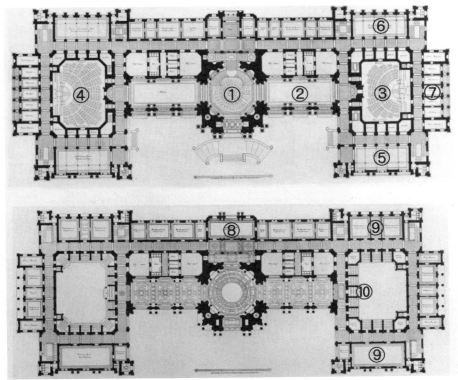

図3　国会議事堂原案・平面図（上1階・下2階）（番号 筆者補）
　　　①玄関ホール　②ホール　③上院　④下院　⑤食堂・喫茶室
　　　⑥閲覧兼座談室　⑦議長室　⑧天皇陛下御室　⑨会議室　⑩玉座

　次に，パウル・ケーラーが設計を担当したわが国の国会議事堂原案（図3）を紹介する。
その平面図を見ると，中央に吹抜けの玄関ホールがあり，その上にドームが立ち上が
る。正面右手に上院，左手に下院を配して，それら両院を大きなホールが結び付けて
いる。両院の正面側にはそれぞれ1階に食堂・喫茶室，2階に会議室があり，両院の
背後にはそれぞれ1階に閲覧兼座談室，2階に会議室がある。

図4　国会議事堂原案外観（ネオ・バロック様式は19世紀後期にリバイバルした。）

また，議場の側面には議長室のほか，秘書室，大臣室，クロークがあり，同2階の桟敷には中央に玉座，隣接して官員と外交官の席，そして傍聴席と記者席が配される。玄関ホールの奥に二股の階段が見える。それは踊場でひとつになり，さらに奥に直進して左右に分かれる大階段室となり，2階の天皇陛下御室へと至る。他方，外観は2階に達する2本一組のコリント式の円柱あるいは付け柱によって分節され，間口約180mの堂々としたネオ・バロック様式で仕上げられている（図4）。

1－2　国会議事堂第2案（和洋折衷式）と仮議事堂原案

　西洋式の原案の次に，和洋折衷案（図5）が作成される。当初想定していた外壁用の切石の調達が疑問視されたこと，日本在住の欧米人がわが国の伝統建築との調和を訴えたことが設計案変更につながったとされる[7]。担当は同じくパウル・ケーラーであった。

図5　国会議事堂第2案（和洋折衷式）

　この和洋折衷式（国会議事堂第2案）の設計時期については，エンデ帰国後の明治20（1887）年8月以降となろう。傍証を挙げれば，同じ所員のエドガー・ギーゼンベルクが担当したわが国の司法省庁舎の和洋折衷案が，明治20年10月頃から翌21年1月頃に作られているからである[8]。

　国会議事堂第2案の構造は煉瓦造で，なお切石仕上げとなっているが，両院には大きな入母屋屋根が架かり，中央玄関に唐破風が付き，その上には千鳥破風等で飾られた塔が立ち上がっている。原案と比べると，古典主義の円柱こそないものの，規模は同じで軒から下の構成は酷似しているので，第2案の平面計画に変更はなかったと思われる。

　この国会議事堂第2案と並行して，すでに明治20年9月下旬に仮議事堂の設計が開始されていた。同仮議事堂原案は，「日本の国会仮議事堂案」と記載された正面立面図（図6）で，そこには「設計エンデ＆ベックマン，P．ケーラー，ベルリン，1887年9月23日」という書き込みがある[9]。その平面図は知られていないが，ドイツ側資料に「国会仮議事堂は同じ平面に倣いながらも，規模を縮小した」[10]という記述がある。

図6　仮議事堂原案

構造は木造に代わり，中央に聳えていた塔はなくなり，規模は間口で約180mから約140mに縮小されている。

　パウル・ケーラーと仮議事堂との関わりはこの仮議事堂原案までで，以後の設計はエンデ＆ベックマン建築事務所の所員アドルフ・シュテークミュラー（Adolf Stegmüller, 生没年不詳）[11]と吉井茂則（1857〜1930, 当時臨時建築局技師）に引き継がれる。最初から議事堂の担当であったケーラーが来日しなかったのは，訃報記事で紹介したように（明治21年2月に死去），エンデの明治20（1887）年5月の来日時には健康を害していたからだと推察される。

1－3　アドルフ・シュテークミュラー

　藤森照信は，仮議事堂の設計監理に当ったシュテークミュラーは，明治19（1886）年5月4日にエンデとともに来日し，明治23（1890）年10月25日頃に解雇されたとし，同年10月21日に帰国したという大熊喜邦の記録を併せて紹介している[12]。

　帰国の時期については，「東京日日新聞」が明治23年11月12日付で，「帝国議事院建築を担当計画せし，御雇い独逸人ステヒミール氏は今度辞職し，昨日午前の新橋汽車にて帰国の途に就きたり。よって同建築技手及び知人建築掛りの諸氏は，新橋停車場まで見送りたり」[13]と報じているので，大熊の記録より3週間ほど長く滞在していたことになる。

　『明治工業史』は「最初の建築の設計は独逸建築技師ステヒミュレルにして内務技師吉井茂則が工事主任たりき」と記している[14]。以下，シュテークミュラーと仮議事堂との関わりを報じた新聞記事を3件紹介する。

　　仮国会議事堂は同局雇独逸人ステヒメール氏工事を担任し，其建築は総体木造りにて和洋折衷の所もあれど，重もに日本風を用ひ議場は上院下院各々三百五十人の席を設くべき結構にて，初め独逸国より送り来りし同堂の元図には三百人宛なりしを，更に内閣よりの沙汰にて五十人を追加せしなりと，総じて近く廿三年の開設までに間に合はする至急の建物なれば，装飾なども余程省略し其他とも初め一旦定めたる図面よりは一層簡略になす筈にて（略）仮議事堂は建築の時限短くして，一々遠国の指揮を受け難ければ，此等の指揮者なくステヒメール氏一人にて一切を計画するなりといふ（略）[15]

国会仮議事堂の建築（略）其家屋落成は，来る二十二年四月三十日迄との予定なるが，右
　　構造はすべて独逸国工学士（シュテークミュラー：筆者註）の手に成りたるものにて（略）[16]

　　貴族院の玉座は，目下建築局御雇い独逸人ステヒミュテル氏が担任し（略）天井は悉皆独
　　逸国より石膏（一樽十二円以上二十円の良品）を取り寄せて塗り上げ，一面に模様を絵く
　　筈にて，図様は昨今考案中なりと云ふ。[17]

　これらの記述からシュテークミュラーは，仮議事堂の構造から意匠まで手掛けてい
たことがわかる。
　このように，仮議事堂とシュテークミュラーを関連付ける日本側資料は散見される
が，ドイツ側に，彼の経歴ならびに業績を特定できる資料は皆無に近い。確実に言え
るのは，兄弟に建築家のパウル・シュテークミュラー（1850〜1891）がいて，パウル
はヘルマン・エンデの娘と結婚していることである[18]。アドルフとエンデは姻戚関係
にあったことになる。
　シュテークミュラーという姓だけを頼りにすれば，その名をベルリン動物園の諸施
設の設計者の中に見出せ，1898年から1908年の間に，シュテークミュラーは，鹿舎，
雉舎，鶏舎などの諸施設を設計している[19]。
　ベルリン動物園とエンデ＆ベックマンとの関係は深く，同建築事務所は1870年代
に多くの動物舎を建てている[20]。とくにベックマンは1893年に同動物園協会理事，
1897年から会長職に就いていることは特筆できよう[21]。兄弟のパウルは1891年に死
去していることから，ベルリン動物園の諸施設の設計はアドルフであったと考えられ
る。なお，これら諸施設のうち鶏舎（1908年）が現存している。

1−4　仮議事堂第2案と同変更案

　仮議事堂原案に続くその第2案となる図面は「国会仮議事堂階上之図」と「国会
仮議事堂階下之図」という記載のある1階と2階の平面図2枚で，縦約40cm，横約
70cmのトレーシングクロスに縮尺200分の1で描かれている（図7）。
　1，2階とも日本語で部屋名称が記入され，1階のすべての部屋に尺で寸法が入り，
図面脇に坪数の記載がある（1階は1065坪7合2勺7戈，2階は934坪8合4勺1戈）。例えば，
両院議場の大きさは内法寸法で，梁間方向は52尺5寸（最大64尺），桁行は81尺5寸
と記入されている。壁厚は一部の間仕切りで5寸，それ以外は1尺である。
　建物は中央部を台形状に突出させ，両翼部を大きく張り出させた平面形式をもつ。
中央に車寄せのある玄関，両翼部脇に議員用の入口を設ける。その中央玄関を入ると，
八角形平面を持つ吹抜けのホールとなる。同ホールの奥には二股に分かれた階段が設
置され，その階段室の下を抜けると1階奥に食堂と談話室がある。階段を上がり中央
の踊場で折れてさらに直進すると，2階奥の天皇陛下御室，大臣室等に至る。

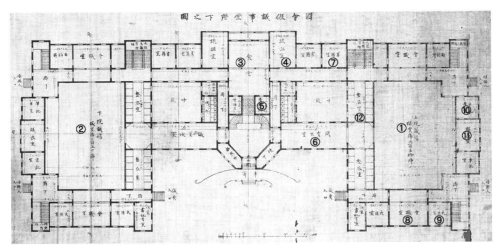

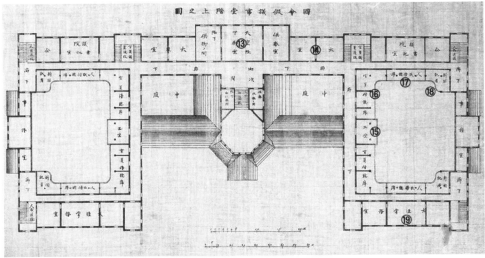

図7　仮議事堂第2案（上1階・下2階）（番号 筆者補）
①上院議場　②下院議場　③食堂　④談話室　⑤整膳室　⑥議員次室　⑦書籍室
⑧会議室　⑨大臣室　⑩筆記者室　⑪議長室　⑫整衣室　⑬天皇陛下御室　⑭大臣室
⑮玉座　⑯官員傍聴席　⑰傍聴席　⑱新聞記者　⑲大臣掌務室

　中央ホールの左右に議員次室が付き，その後方に中庭を設ける。この議員次室は平
屋である。両翼部の右手に上院議場，左手に下院議場がそれぞれ配される。両院の周
囲には大臣室，会議室，議長室，筆記者室，整衣室等の諸室が付く。また両院の2階
には桟敷が巡り，玉座，官員傍聴席，傍聴席，新聞記者席等の諸席に区分されている。
　仮議事堂第2案を同原案（図6）と比較すると，中央の大きな寄棟屋根はなくなり，
両院議場上の入母屋屋根は切妻に変更され，議場前の尖塔状の飾りはなくなっている。
この辺りの変更について「ドイツ建築新聞」は，「アドルフ・シュテークミュラーの
監督下に，屋根の形態は著しく簡略化された」[22]と報じている。

また規模は縮小され，第2案における建物の間口方向は約110mである。確かに，規模は縮小されたものの，第2案は，八角形状の玄関ホール，その左右のホール（議員次室）を経て両院議場に至る構成，玄関ホールの階段室の取り方，そして2階奥の天皇陛下御室の配置などに国会議事堂原案（図3）との類似性を見ることができる。

　ところで，明治23（1890）年11月に竣工した仮議事堂の外観写真（図1）とこの仮議事堂第2案を比べると，両者は同じでないことがわかる。とくに第2案の中央玄関から左右に付く棟（議員次室）が平屋であるのに対して，竣工後の写真では同箇所が2階建てになっている。また，中央玄関の屋根の形も異なる。したがって，仮議事堂第2案はその後さらに変更されたことになる。

　この辺りの変更事情については，当時の新聞記事と附録図面が解く鍵を与えてくれる。明治22（1889）年1月3日の「東京朝日新聞」によれば，

> 目下工事中なる同仮議院は，かねて記す如く来る五月を以て全く落成の筈にて引続き其工事を取急ぎ居ることなるが，その構造の詳細は本日の本紙附録として添たる全図の如く木造の仮院ながら亦相応に広壮の建築の由（略）此全図は同院の現体を六百分の一に縮図せしものなれば，未だ十分に其実を示し得ざる憾なしとせずと雖ども，仔細に平面図に照して其模様を按検せば，亦以て来廿三年を期して開設せらる、所の議会実態の如何なるやをも想ひ見るに足りなん[23]

とあり，平面図の略図（図8），正面図（図9），議場内部図等が別紙として紹介されている[24]。

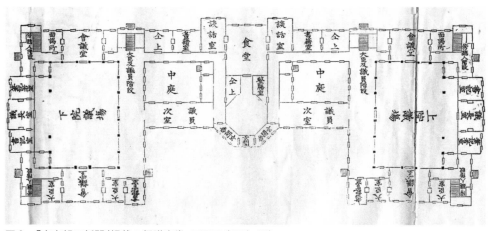

図8　「東京朝日新聞」掲載の仮議事堂・平面図略図（1階）

図9　東京朝日新聞掲載の仮議事堂・正面図

　この「東京朝日新聞」に掲載された平面図と仮議事堂第2案を比べてみると，両者は同じ平面図であることがわかる。第一次仮議事堂は明治21（1888）年6月21日に起工しているので，この「東京朝日新聞」の記事は着工後半年の時点のものとなる。同記事により，第2案は，着工時の実施図面であった可能性がある。また同紙に掲載された正面図には，中央玄関の上に八角塔が描かれ，着工時に予定されていた外観の様子を窺うことができる。

　さらに，仮議事堂の工事の様子を伝える別の記事がある。それは明治23（1890）年2月13日付の「大阪公論」[25]で，1階と2階平面図（図10），そして正面図（図11）が附録として付く。同図を見れば，仮議事堂第2案の中央ホールと両院を繋ぐ議員次室の前に総2階の棟が増築されていることがわかる。それに伴い，議員次室は廊下になっている。また，仮議事堂第2案では両院議場の2階にあった玉座が，「大阪公論」掲載の平面図では1階の貴族院の議長室前に移動している。さらに，その正面図に見られる増築棟の窓が縦長であるのに対して，完成後のそれは横長であること，また中央に塔が聳えていることから，なお創建時との相違が認められる。

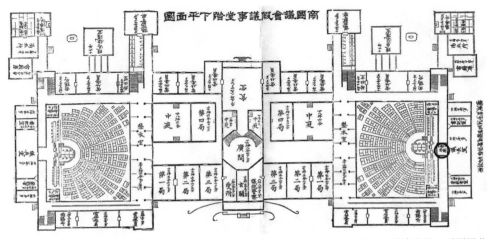

図10　「大阪公論」掲載の仮議事堂・1階平面図（図面上での名称は「帝国議会仮議事堂階下平面図」）

図11 「大阪公論」掲載の仮議事堂・正面図

1－5　竣工時の図面

　「大阪公論」掲載の図面以外に，なお２種類の図面がある。ひとつは，明治23（1890）年３月の「建築雑誌」に掲載された１階と２階の各平面図である（図12）。同年２月の「建築雑誌」には次の記載がある。

　　議院ノ建築ハ内部ノ造作ヨリ電燈電鈴暖房機ノ架設据付ケ附属家ニ至マデ略ボ落成シタレ
　　トモ，更ニ尚ホ両議長ノ官舎印刷所及ビ議員ノ支度所等ヲ合セテ四百四十余坪ノ建物ハ目
　　下地平均シ中ナリ[26]

　この時期，仮議事堂の本館そのものは落成間近な状態にあったという。

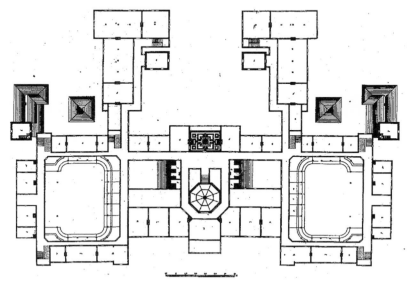

図12 「建築雑誌」掲載の第一次仮議事堂・２階平面図

　もうひとつは，衆議院憲政記念館（以下，憲政記念館）所蔵の図面である（図13）。これは「大日本国会仮議事堂」と題された縮尺250分の１の平面図で，その裏面に議

員人名録が付く。当該の議員は，明治23年7月に行われた第1回総選挙によって当選した人々で，同年11月29日の開院式に合わせて作成されたと推察される。

　これら2種類の図面の違いは，建物の本館から裏手（西側）の付属屋に見られ，部屋数ならびに形状が異なっている。他方，仮議事堂本館における最も大きな違いは，貴族院議場の右上，衆議院議場の左上にある議員警察および土間（2階は傍聴人控所）である（図13のA）。再度，図12と図13を吟味してみると，図13には，図12のような中央棟の八角形のホール（階段ノ間）ならびにその奥の玉座に天井伏せの書き込みがない。結局，八角塔は建設されなかったので，階段ノ間の伏図の省略は，最終的な仮議事堂の平面図を示していると考えられる。

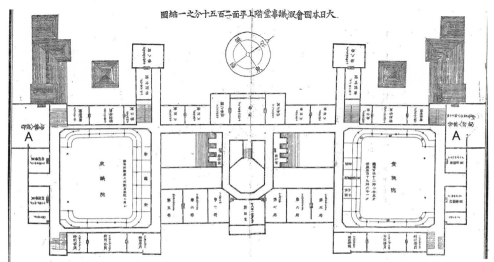

図13　衆議院憲政記念館所蔵の第一次仮議事堂・2階平面図（アルファベット　筆者補）
　　　（図面上での名称は「大日本国会仮議事堂階上平面二百五十分之一縮図」）

1－6　増築の時期について

　第一次仮議事堂が竣工するまでに，その関連平面図だけでも5種類あるので，今一度これらの図面の変遷を整理する。

　着工して半年後の「東京朝日新聞」（明治22年1月3日付）に掲載された図面（図8）は，仮議事堂第2案と同一であり，その略図であった。

　次に「大阪公論」（明治23年2月13日付）の掲載図面（図10）における主だった変更は，仮議事堂第2案で平屋であった議員次室の前に総2階の棟が増築されたことであった。

　この「大阪公論」掲載図面は，仮議事堂本館に限れば明治23（1890）年3月の「建築雑誌」掲載図面（図12）と同じであり，憲政記念館所蔵図面（図13）には両議場側面に増築部が見られた。

　ただ，ここで留意すべき点は，それぞれの図面が新聞紙上あるいは雑誌で発表され

たときに，その時点での工事の進捗状況を正しく表示しているとは限らないということである。それは完成予定図であったかもしれないし，最新の現状変更に追いついていなかった可能性もあるからだ。

　そこで，第一次仮議事堂の工期中の増築を報じた新聞記事の有無を調べてみることにした。すると，仮議事堂第2案の略図が掲載された「東京朝日新聞」の約2ヵ月後の「中外商業新報」（明治22年3月5日付）に，以下の興味深い記事があった。

> 　明年開かるる帝国議会の仮議事堂は，最初十三万円を以って建築の予定なりしが，その後議員の議席及び傍聴席等の割合を算定するに，やや手狭なるを感ずるに付き，更に三百坪の建増しをなし，かつ平屋の処を二階建となし，また最初六ヶ年間使用の見込みなりしを，今度更に十五ヶ年間使用し得るよう，丈夫に建設する事となりたる等にて，費用も自然右予算より嵩み，およそ十七万円を要すれど，なるべく十六万円位にて仕上げんものと，建築局の技師にはもっぱら苦心中なりと云う（略）。[27]

　同記事では300坪の増築をして，平屋を2階建てにするという。この300坪は建坪なのか，延坪数なのかは定かではないが，平屋部分を2階建てにするのは，「東京朝日新聞」の掲載図面から「大阪公論」のそれへの変更と符合する。因みに，この2階建ての増築部の建坪は，「大阪公論」の掲載図面から算出すると約136坪となる。

　さらに，仮議事堂第2案と「大阪公論」掲載の平面図を比べると，とくに建物の裏手に諸室が増えていることがわかり，議場側面ならびに中庭にも増築がなされている。これらの増築部の建坪は概算で290坪となり，記事の坪数に近い値と言える。

　同記事には建築局の技師がこれらの変更を，費用が嵩み「苦心中なり」としていることから，この増築工事は明治22（1889）年3月以降になされたことになる。

　第一次仮議事堂の上棟式については，明治21年11月15日付の「東京朝日新聞」に，「目下工事中なる帝国議会仮議堂の上棟式は来月15日を以て執行する筈なり」との記事があったが，同年12月に上棟式の記事は見当たらなかった。その代わりに，明治21年12月4日付の「読売新聞」に「仮国会議事堂は一昨二日午後柱建の式を執行されしに付，山尾建築局総裁および掛り員数名が臨場し海軍楽隊の奏楽ありて盛んなる式を行われたり」との記事から柱建式（立柱式）は同年12月2日に挙行されていることがわかる。

　そこで，憲政記念館所蔵図面に見られた増築について，何か示唆するものがないかを調べたところ，「中外商業新報」の記事から4ヵ月後の「読売新聞」（明治22年7月26日付）に，以下の記事が見出せた。

> 　上下議院の総坪数は千二百五十八坪余なりしが，今度百八十坪を増加し同院掛員の事務室及び面接室等を建設さるゝと云

　憲政記念館所蔵図面の増築部は，議員警察および土間（2階は傍聴人控所）と記載さ

れ，同記事の使い勝手とは異なるが，その建坪は約73坪（延坪数では146坪）であった。また，憲政記念館所蔵図面では建物裏手に新たに「小使部屋」が増築されていて，その建坪は約30坪であり，合計103坪となる（延坪数では176坪）。したがって，この「読売新聞」の記事が，これらの増築部を指しているかどうかは断定できないが，180坪程度の増築に該当する部屋は図面上ではほかに見当らない。

　ところで，先の「中外商業新報」には「傍聴席等の割合を算定するに，やや手狭なる」との記載があった。憲政記念館所蔵図面の増築部には「傍聴人控所」が含まれているので，同控所を加えると記載の300坪を大幅に超えてしまうが，すでに明治22（1889）年3月の時点で同箇所の増築が検討されていた可能性はある。

　明治23年2月の『建築雑誌』にほぼ落成した記事があったことを先述したが，同じ頃の「東京朝日新聞」に，「昨年一月其細図を附録として発行したる帝国議会仮議堂は今や漸くその工を竣らんとするに至れり，依て今其結構及び工事の概況を記さん（略）」（明治23年3月9日付）との記事がある。このことから，第一次仮議事堂の本館は明治23年3月頃に概成していたことになる。

　なお，明治23年3月の『建築雑誌』掲載の平面図（図12）では，仮議事堂背後の付属屋は，憲政記念館所蔵図面よりさらに拡張されている。ただし，憲政記念館所蔵図面の1階平面図には，付属屋の先の2ヵ所に「此処凡三百坪余」との書き込みがあることから，建物背後の図示を省略したと思われる。

　このように第一次仮議事堂は工期中に増築を重ねながら，背後の付属屋を含めて最終的な建坪は2562坪になった[28]。

結　語

　わが国の国会議事堂については，エンデ＆ベックマン建築事務所による西洋式の原案，和洋折衷案，仮議事堂第1案，同第2案，そしてその変更案までさまざまな設計の変遷があったことが確認できた。第一次仮議事堂の平面図から着工後2度の増築があったことが読み取れ，増築に関連する記事が見出された。このことから，増築は明治22（1889）年3月以降，さらに同年7月以降に行われた可能性が高い。

　以下，仮議事堂建設までの過程を年代順にまとめてみる。
・明治19（1886）年4月24日　ベックマン来日
・同年7月2日　ベックマン離日，帰国後（8月），国会議事堂原案作成（担当：ケーラー）
・明治20（1887）年5月4日　エンデとシュテークミュラー来日。国会議事堂原案持参。
・同年7月19日　エンデ離日。帰国後（8月），国会議事堂和洋折衷案作成（担当：ケーラー）
・同年9月頃　第一次仮議事堂原案作成（担当：ケーラー）
・同年10月頃−翌21年6月頃　第一次仮議事堂第2案作成（担当：シュテークミュラー，

吉井茂則）

・明治21（1888）年6月21日　第一次仮議事堂の工事着工
・同年12月2日　柱建式
・明治22（1889）年3月以降ならびに7月以降，増築
・明治23（1890）年3月頃，第一次仮議事堂の概成
・同年11月11日　シュテークミュラー離日
・同年11月24日　第一次仮議事堂の竣工

　第一次仮議事堂第2案（図7）は，着工半年後の「東京朝日新聞」掲載（明治22年1月）図面（図8）の原図であった。そして，明治22（1889）年3月の「中外商業新報」に見られた平屋から2階建てへの増築予定記事から，「東京朝日新聞」掲載時には同案に基づいて工事が進捗していたことが窺える。

　先に本章1－4にて，同図面の1階建坪は1065坪7合2勺7戈であったことを紹介した。着工2ヵ月後の明治21（1888）年8月23日付の「東京日日新聞」に，「麹町区内幸町二丁目に建築せらるゝ国会仮議事堂は（略），坪数は合計一千零六十二坪八勺二戈にして（略）」という記事があり[29]，その坪数は当該図面のそれと同じと見てよい。

　以上から，仮議事堂第2案の平面図は第一次仮議事堂着工時の実施図面であったと考えられる。そして，「東京朝日新聞」掲載の正面図（図9）により，着工当初に計画されていた仮議事堂の姿が想像できる。その八角塔が造られなかった理由については，明治23（1890）年3月頃に建物はほぼ落成し，帝国議会開催までなお猶予があったことから，工期の問題ではないだろう。「中外商業新報」が報じていたように，増築による予算高に現場が苦慮していたことから，建築費を抑制したためだと思われる。

　第一次仮議事堂はアドルフ・シュテークミュラーと吉井茂則によって完成したが，仮議事堂第2案は，国会議事堂原案と多くの類似点があり，仮議事堂の竣工を見届けることなく計画途上で亡くなったパウル・ケーラーの設計理念が生き続けていたことも明らかにしてくれる。

註
1）　大熊喜邦：「議事堂建築の概要」，『建築雑誌』623号，1937.2，p.198
2）　Böckmann, W., Reise nach Japan, Berlin, 1886 抄訳として，堀内正昭，藤森照信：「ベックマン『日本旅行記』について」（建築史学会編『建築史学』所収，1986.9，pp.94-124）
3）　Todtenschau, in: Deutsche Bauzeitung, p.72（1888年2月12日付）
4）　参照。Meyers Lexikon, Bibliographisches Institut, Leipzig, 1924, p.812
5）　Erweiterung der Architektenfirma Ende & Böckmann, in: Deutsche Bauzeitung, p.140（1886年3月20日付）
6）　ドイチェス・ハウス協会会館については次の文献を参照。Preisbewerbung für Entwürfe

zu einem Deutschen Haus in Brünn, in: Deutsche Bauzeitung, 1887, p.200. Entwürfe zu einem Gesellschaftshaus für den Verein Deutsches Haus in Brünn, in: Deutsche Bauzeitung, 1888, pp.103-106 Das deutsche Haus in Brünn, in: Deutsche Bauzeitung, 1891, pp.356-358

7）Deutsche Entwürfe für japanische Monumental-Bauten. I., in: Deutsche Bauzeitung, 1891, pp.121-122

8）堀内正昭：「エドガー・ギーゼンベルクの経歴と旧司法省庁舎（現法務省旧本館）の設計に果たした役割」，日本建築学会計画系論文集　第568号，2003.6, pp.147-152

9）同図面については，大熊喜邦による原図の模写図面が日本建築学会図書館に所蔵されている。ここではDeutsche Bauzeitung, 1891 に掲載された図を参照。

10）Deutsche Entwürfe für japanische Monumental-Bauten. I., in: Deutsche Bauzeitung, op.cit., p.122

11）これまでステヒミュレル，ステヒミューラーなどと記述・発音されてきたが，本書ではドイツ語発音表記にしたがって，シュテークミュラーと記す。参照。Duden Band 6 Das Aussprachewörterbuch, Dudenverlag, Mannheim, 1974

12）藤森照信：「エンデ・ベックマンによる官庁集中計画の研究　その5 建築家及び技術者各論」，日本建築学会論文報告集 第281号，1979.7, p.175

13）東京日日新聞の「建築家ステヒミールが帰国」と題する記事から。参照：『明治ニュース事典第三巻』，株式会社毎日コミュニケーションズ, 1984, p.226

14）工学会編：『明治工業史建築篇』, 1930, p.630

15）「東京日日新聞」　第5128号（1888年1月24日付），参照：『復刻版横浜毎日新聞』,不二出版，1993, p.90

16）「東京日日新聞」　第5084号（1888年10月12日付），参照：「毎日新聞」(マイクロ資料) No.73

17）「東京日日新聞」　第5469号（1890年1月18日付），参照：「毎日新聞」(マイクロ資料) No.81

18）Kieling, Uwe: Berliner Privatarchitekten und Eisenbahnbaumeister im 19. Jahrhundert, Biographisches Lexikon, Berlin, 1988, p.67

19）Heinz-Georg, Kloes, Ursura (eds.): Der Berliner Zoo im Spiegel seiner Bauten 1841-1989, Berlin, 1990. なお，同書の388頁にシュテークミュラーの名で設計された施設が計35件列挙されている。

20）エンデ＆ベックマンは1870年代に，熊舎，猛獣舎，アンティロープ舎，象舎を設計し，そのうちアンティロープ舎（1871-72)が現存している。堀内正昭：『明治のお雇い建築家エンデ＆ベックマン』(井上書院, 1989), pp.159-166

21）同上，pp.88-89

22）Deutsche Entwürfe für japanische Monumental-Bauten. I., in: Deutsche Bauzeitung, op.cit., p.122

23）「東京朝日新聞」の「帝国議会仮議院」と題する記事（1889年1月3日付）から。参照：『朝日新聞〈復刻版〉明治編③』（明治22年1月～3月），日本図書センター，1992

24）『朝日新聞〈復刻版〉明治編③』（前掲書）には附録図面はない。同図面は筆者所蔵のものを参照。

25）「大阪公論」（1890年2月13日付）は東京大学明治新聞雑誌文庫に収められているが，その記事は「本日は予告の如く帝国議会議事堂の全図併に其内部に於ける細図附録一葉を添へたり」と記すだけであり，また附録図面は失われていた。同図面は筆者所蔵のものを参照。

26）『建築雑誌』38号，1890.2，p.31

27）「三百坪建て増し，予算十七万円」と題する記事から。参照：『明治ニュース事典第四巻』，株式会社毎日コミュニケーションズ，1984，p.225

28）営繕管財局編集：『帝国議會議事堂建築報告書』（昭和13年），p.2

29）『明治ニュース事典第四巻』（前掲書），p.225

【図版出典】

図1　日本建築学会図書館所蔵

図2～4　Technische Universität Berlin Plansammlung

図5，6　Deutsche Bauzeitung, 1891

図7　昭和女子大学図書館所蔵

図8～11　堀内正昭研究室所蔵

図12　営繕管財局編集：『帝国議会議事堂建築報告書』（前掲書）

図13　衆議院憲政記念館所蔵

第2章　第一次国会仮議事堂議場棟の復元

　これまでに，第一次国会仮議事堂（以下，第一次仮議事堂あるいは第一次と略す）の復元に関する考察がなされていなかったわけではない。株式会社大林組が外観写真や図面から，建物の正面側立面図と議場内の展開図を作成している[1]。しかし，それは議場小屋組までを復元したものではない。

　そこで，本章では以下の方法によって，第一次仮議事堂に用いられた議場小屋組の技法を明らかにするとともに，実際に模型の製作を試みる。

・議場内の写真ならびに絵画資料（錦絵，石版画）を参考にする。

・仮議事堂の着工時実施図面から寸法を採用する。

・同時代の日独における類例の小屋組をもつ建物を参照する。

　さらに，本章では議場棟の屋根葺き材と外壁の仕様について検討する。

2－1　議場内の写真ならびに絵画資料に見る小屋組

　『帝国議會議事堂建築報告書』には，第一次仮議事堂の議場内を撮影した3枚の写真が掲載されている[2]。そのうち天井まで写っているのは，貴族院議場の2階傍聴席から撮影したもので，半円筒形状に湾曲した天井を支えている小屋組の一部が見える。

　その小屋組の一部を拡大したのが図1である。軒桁から張り出した控梁（ひかえばり），それを支える斜柱（しゃちゅう），そして柱にはいずれも部材中央に割れ目が入っているので，二つ割の部材を用いている可能性がある。これらの部材がつくる三角形の内側には，さらに2本の斜柱が入っている。これら3本の斜柱のうち2本は同じ角度をもち，控梁がそれらを挟んでいるように見える。また，側壁の窓台近くの柱にタイバー（屋根荷重により壁が傾くのを防ぐ目的で梁間方向に挿入される鉄製の棒のこと）が挿入され，斜柱を貫通して梁間方向に渡されている。このタイバーは，控梁の先端，そして半円筒形状の天井の中央部から出ていると思われる垂直材で吊られている。

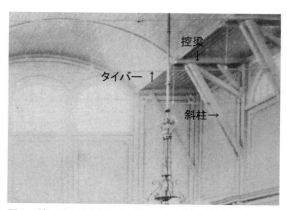

図1　第一次国会議事堂・議場内の写真（名称 筆者補）

第一次仮議事堂を描いた絵画資料については，その種の資料は多数存在するが，議場内の天井ならびに小屋組の様子が窺えるものは次の通りである[3]。
・「大日本帝国議会開院式場之図」（明治23年11月19日　自由新聞附録，石版画：図2）
・「国会議事之図」（明治23年12月　国利 画，横大錦：図3）
・「東京名勝国会議事堂会議之図」（明治24年3月　春暁 画，竪大錦：図4）
　第一次仮議事堂は明治23（1890）年11月24日に竣工し，翌24年1月20日に焼失しているので，「大日本帝国議会開院式場之図」は竣工直前に，「国会議事之図」は帝国議会会期中に，そして，「東京名勝国会議事堂会議之図」は焼失後に版行されたことになる。以上の3枚の絵には，露出した小屋組の一部と天井が描かれている。

図2　「大日本帝国議会開院式場之図」（部分「自由新聞」附録，明治23年11月19日）

図3　「国会議事之図」（歌川国利，横大錦，明治23年12月）

図4 「東京名勝国会議事堂会議之図」
（永島春暁，竪大錦，明治24年3月）

これら3枚の絵に共通するのは，側壁の窓と窓の間に柱が見え，柱の上の軒桁から水平方向に控梁が出ていること，その控梁は柱の下方から斜柱で支えられていることである。

しかしながら，小屋組の細部においては相違が認められる。その最も顕著な違いは，タイバーの有無である。「大日本帝国議会開院式場之図」（図2）ならびに「国会議事之図」（図3）では，梁間方向にタイバーを渡し，そのタイバーを天井から吊った架構になっている。この「国会議事之図」におけるタイバーの架構法は図2に似るが，控梁の先端からタイバーを吊る垂直材はなく，斜柱は1本である。最後の「東京名勝国会議事堂会議之図」（図4）にはタイバーはなく，図3と同じく斜柱は1本である。

これら3枚の絵のうち，写真（図1）に最も近いのは「大日本帝国議会開院式場之図」で，正確に描写されていると考えてよい。むしろ，写真の方は窓からの光でハレーションを起こし，細部は不鮮明なので，図2はそれを補完する資料となる。

絵画資料は絵師の裁量により，ときに省略があったり，変形が加えられたり，誇張されたりすることがある。永島春暁（生没年不詳）は「東京名勝国会議事堂会議之図」（図4）において，タイバーを省略したのに対して，歌川国利（1847〜1899）が描いた「国会議事之図」（図3）では，タイバーが太く黒々と描かれているため相当目立っている。それだけに，国利にとって，この部材は好奇心を誘う見慣れないものであったと見てよいのではないだろうか。写真からは窺えない，絵画ならではの面白さである。

2－2　類例構法〜ドイツ小屋

筆者は前節で，控梁，斜柱という現在では聞き慣れない言葉を用いて「大日本帝国議会開院式場之図」以下の小屋組を説明した。

この控梁と斜柱は，明治時代に滝大吉（1861〜1902），三橋四郎（1867〜1915）などが洋小屋技法のひとつとして紹介した「ドイツ小屋」で用いていた部材名称である（図5）[4]。ここでは部位を判別する便宜上，これらの呼称に倣うこととする。

では，ドイツ小屋とは何か。滝大吉著『建築学講義録』（明治29年）では「独逸小屋」として，三橋四郎著『和洋改良大建築学』（明治37年）では「独逸式小屋」として紹介されている。なお時代は下って，大正時代に『建築科講義録』（大正8年頃）に収められた「西洋家屋構造 全」で，著者の出浦高介は「独逸式小屋」として紹介しているが[5]，建築関連の辞書にはこの用語は見当たらない。結局，ドイツ小屋は用語として

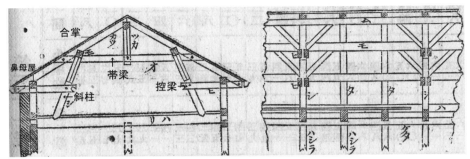

図5　滝大吉によるドイツ小屋の図解（名称 筆者補）

定着せず，今や死語になっているのである。

　ここでは，滝大吉の著作にあるドイツ小屋を図解した図5で説明する。合掌の両端にある鼻母屋は，束の上にのり，陸梁と鼻母屋との間に距離を置いている。小屋裏を広く使用するためであるが，これを半小屋裏と呼ぶ[6]。母屋は斜柱によって支えられ，その斜柱は控梁に挟まれて固定される。さらに，母屋は斜柱から分岐した桁行方杖で補強される。母屋の下には両側の合掌を固定する帯梁が走り，この帯梁は中央で真束を挟む。真束からも桁行方杖が出て，棟木を支える。控梁と帯梁は合せ梁であり，それぞれ他の部材との接合点はボルト締めされている。このように，ドイツ小屋は合掌（垂木）を母屋と棟木で支える母屋組[7]で，束，斜柱，帯梁，控梁を組み合わせて構成される技法である。

　下に事例を上げる。仮議事堂の竣工時に工事中であった建物に法務省旧本館（旧司法省，1888～1895）があり，エンデ＆ベックマン建築事務所のリヒャルト・ゼール（Richard Seel 1854～1922）が設計を担当した。その中央棟の小屋組は3層からなり，垂木（合掌）を母屋で受けている。母屋は束と斜柱で支えられ，斜柱と束を控梁と帯梁で挟んで固定している（図6）。また，同旧本館の翼部小屋組（図7）は，棟木と母屋を束で支持し，合掌を帯梁（合せ梁）で固定している例となる。なお，翼部の小屋組は2間半ごとに入り，垂木の間隔は半間である。

　法務省旧本館以外では，ドイツ小屋は，旧青木周蔵那須別邸（1888年：設計 松ヶ崎萬長，図8），同志社クラーク記念館（1892～93年：設計 リヒャルト・ゼール），千葉教

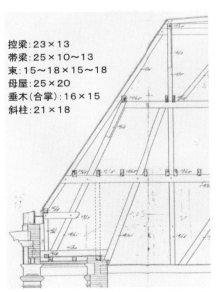

控梁：23×13
帯梁：25×10～13
束：15～18×15～18
母屋：25×20
垂木（合掌）：16×15
斜柱：21×18

図6　法務省旧本館（旧司法省庁舎）中央
　　　棟架構図（部分）

会堂（1895年：設計 リヒャルト・ゼール），旧トーマス邸（1904年：設計 デ・ラランデ），そして日本酸素記念館（1911年，1999年取壊し：設計者不詳，図9）などで用いられた[8]。日本酸素記念館（旧日本酸素株式会社大崎工場，東京都品川区）は陸梁をもたない小屋組であり，控梁（成118）で固定された斜柱（126×114）が母屋（成200）を支え，帯梁（成178）が合掌（120×120）ならびに斜柱を挟んで構成されていた（括弧内は断面寸法，㎜）。

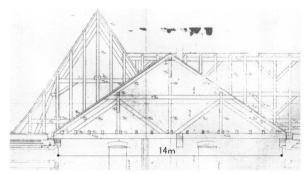

図7　法務省旧本館（旧司法省庁舎）翼部小屋組（数値 筆者補）

図8　旧青木周蔵那須別邸・中央棟小屋裏

図9　日本酸素記念館（旧日本酸素株式会社大崎工場）

なお，松ヶ崎萬長（1858～1921）は，ヘルマン・エンデが教授をしていたベルリン工科大学で建築を学び，明治17（1884）年の帰国後は，官庁集中計画を実現するために設置された臨時建築局の工事部長を務めた[9]。リヒャルト・ゼールはエンデ&ベックマン建築事務所の所員で，主として司法省の工事監督として従事した後，横浜に設計事務所を開設して建築活動を続けた。デ・ラランデ（Georg de Lalande，1872～1914）は，ゼールの招きで明治36（1903）年に来日したドイツ人建築家である。

2-3　ドイツにおける母屋組架構

　滝大吉はドイツ小屋の紹介に際して，どの文献を参照したかは不明であるが，三橋四郎はクラウトとマイヤーが編集した"Die Bau-und Kunstzimmerei"（大工と細工仕事）を参照して[10]，自身の『和洋改良大建築学（中）』に同じ図版を用いている（図10）。クラウトとマイヤーは小屋組を，母屋を束で受けるもの，母屋を斜柱で受けるもの，半小屋裏をもち母屋を束で受けるもの，同母屋を斜柱で受けるもの，トラス小屋組，トラス小屋組の変形の6つに分類している。

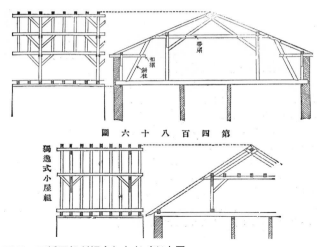

図10　三橋四郎が紹介したドイツ小屋

　やや時代は下るが，同書の他に母屋組を分類したのがフランツ・シュターデ（1855～1942），アドルフ・オプデルベッケらである[11]。ここでは，より細分化して分類しているシュターデの文献によることにする。

　シュターデは母屋組屋根を半小屋裏の有無で分け，それぞれ母屋を束で受けるもの（束の本数でも区分），母屋を斜柱で受けるもの，母屋を束と斜柱の双方で受けるものに細分している。例えば図11は，半小屋裏をもち，母屋を束と斜柱で受けている小屋組となる。

　シュターデが分類する小屋組において注目すべきは，母屋と母屋の間隔に上限を与えていることである。具体的に数値を紹介すると，シュターデによれば，棟木から鼻

母屋（軒桁）までの垂木（合掌）の長さが4.5m以上の場合は母屋が必要で，母屋と鼻母屋（軒桁），母屋と棟木の間の垂木（合掌）の長さは，それぞれ4.5mを限度とする。

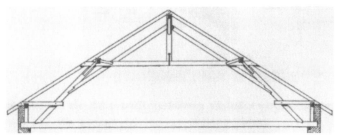

図11　半小屋裏で，母屋を束と斜柱で支持する小屋組

2－4　ドイツにおける類例建築

　タイバー，控梁，斜柱などを手掛かりに，ドイツにおける1880年代と1890年代の建築例を調査したところ，『木構造』（1900年刊）の「ホールの架構」という節に類例を見出すことができた[12]。「ホールの架構」の冒頭には「大祝賀会や展覧会などを開催するために，しばしば大規模なホール建築が必要である。それらは即席の建物として建てられ，使用後は取り壊される」と書かれている[13]。次に同書に掲載された類例から2件を紹介する[14]。

a）ハイデルベルク大学500周年祝典会場

　同祝典会場は1886年，J.ドゥルムによって設計された（図12）。同会場はバシリカ式教会堂に似て，中央ホールは24mの幅で18mの高さをもつ身廊と幅8mの側廊からなり，床面積は4,800㎡あった。収容人数は約5千人が見込まれ，4ヵ月の工期で建てられた。建物は約1ヵ月使用されて解体されたという。

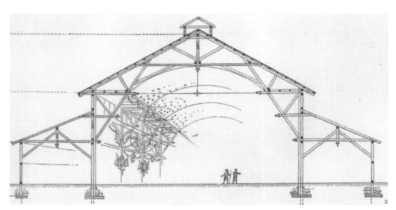

図12　ハイデルベルク大学500周年祝典会場（1886年）

　小屋組は，軒桁からは張り出した控梁，合掌，合掌を水平方向で固定する帯梁，帯梁と斜柱で固定された母屋によって構成される。控梁の先端から水平にタイバーが渡

され，それを真束から出ている垂直材で吊っている。屋根葺き材は不明であるが，控梁の先端から円弧状の曲面天井はクロス張りであった。なお，屋根は図面から採寸して5.8寸勾配であった。

b）第10回ドイツ連邦射撃大会祝典会場（ベルリン）

1890年，クレマー＆ヴォルフェンシュタインによって設計された同会場も，バシリカ式教会堂に似た3廊式で，建物全体の幅は36m，長さは150mに及んだ（図13）。吹抜けの中央ホールは24mの幅に，17mの高さである。

小屋組は，合掌，控梁，帯梁，2本の斜柱からなり，両側壁からタイバーを渡してそれを3本の垂直材で吊っている。屋根はテント用の防水亜麻布を用いて葺かれたという。小屋組に沿って曲面天井が張られているように見えるが，それはアーチ状の花綱飾りであり，小屋組自体は露出していた。なお，屋根勾配は図面から採寸して3寸7分であった。

図13　第10回ドイツ連邦射撃大会祝典会場（ベルリン，1890年）

2－5　仮議事堂議場の小屋組

さて，いよいよ議場小屋組の復元を試みる。まず，仮議事堂関連の1枚の小屋組架構図を紹介したい（図14）。この図面は「大架屋根組」と称され，日本建築学会図書館の妻木文庫に収められている。妻木文庫とは，妻木頼黄（詳しくは第3章3―4参照）の没後に遺族から寄贈された蔵書のことで，昭和6（1931）年作成の受入台帳がある。その後，この台帳に基づいて整理しなおされ，『建築雑誌』にその経緯ならびに収蔵一覧が掲載されている[15]。

この大架屋根組は，妻木文庫の中では「大審院」，つまりエンデ＆ベックマン設計の裁判所案の一つとして分類されていた。改めて鑑定してみると，裁判所ではなく第一次仮議事堂の関連図面であることが判明した。

本図面は，縦73cm×横64cmの紙に縮尺20分の1で描かれる。柱をはじめとする部

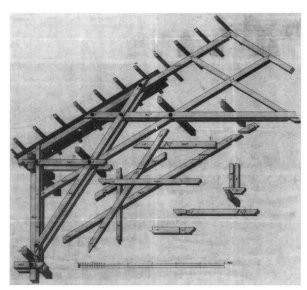

図14　第一次仮議事堂議場の小屋組（大架屋根組）

材は木材で，すべての部材にセンチメートル表示で寸法が入る。屋根は約6.3寸勾配で，梁間は内法で約16mである。合掌（20×15）と平行に材が入り，鋏組とする。これらを水平方向で帯梁（24×15）が挟んでいる。さらに，合掌は斜柱（20×15）で補強され，この斜柱は軒桁から張り出した控梁（20×15）で挟まれる（以上，括弧内はcm）。なお，接合部はボルト締めされる。同図面が大審院に分類された理由は不明であるが，仮に大審院で該当する箇所を挙げれば中央の大階段室上の屋根となろうが，この塔屋部分の内法は約8mで，スケール的に一致しない。

　第一次仮議事堂案の議場の小屋組の梁間は，52.5尺（＝15.9m）で，この「大架屋根組」とほぼ同じである。では，この架構図で実施されたのであろうか。第一次仮議事堂竣工後の議場内を見上げた写真（図1）を再度ご覧いただきたい。軒桁から張り出した控梁，それを支える斜柱，そして柱がつくる三角形の内側にはさらに2本の斜柱が描かれている。これに対して，大架屋根組は合掌と並行して入る斜柱は1本で，構法上は合致しない。

2－6　議場小屋組の復元

　仮議事堂議場の小屋組の復元に当って，梁間寸法と屋根勾配を決める必要がある。第1章で検討した仮議事堂第2案の1階平面図には，各部屋の内法寸法が記入されている。そこから寸法を求めると，議場の小屋組が架かる梁間は52.5尺（＝15.91m），同桁行は81.5尺（＝24.70m）であった。

　次に屋根勾配について，株式会社大林組は仮議事堂の創建時の外観写真から立面図の復元を行っているので[16]，その外観写真ならびに復元立面図から採寸すると，屋根

はほぼ6.5寸勾配であったと見なせる。この梁間寸法と屋根勾配から小屋組を作図すると、棟木から鼻母屋（軒桁）までの長さは約9.6mとなった。母屋がひとつの場合、棟木・母屋間、母屋・鼻母屋（軒桁）間は4.8mとなる。シュターデの文献では棟木・母屋間の最大寸法を4.5mとしているので、それに倣うと母屋は2ヵ所必要になる。

　そこで母屋を合掌に対して等間隔に2ヵ所設け、それぞれを斜柱で支持していると仮定した。その際2本の斜柱を平行に配置した。次に斜柱と合掌を固定するために、ドイツ小屋の架構法に則って控梁と帯梁を合せ梁とした。棟木に近い母屋の下に入る帯梁の位置が円筒状の天井の上限となる。さらに、斜柱と真束にそれぞれ桁行方向に方杖を付けて作図したのが図15である（図の破線は天井面を示す）。

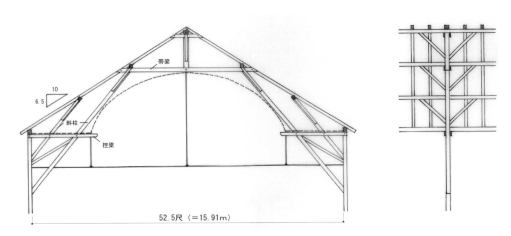

図15　第一次仮議事堂議場の小屋組復元架構図

　一方、桁行方向については、議場内の小屋組は窓と窓の間の計6ヵ所に入っている。桁行の内法寸法81.5尺に壁厚(0.5尺)を加えてメートルに換算すると、小屋組は3.55mごとに組まれていたことになる。小屋組は2間間隔で入っていたと考えてよいであろう。

　作図して、控梁と2本の斜柱がつくる小屋組は、議場内写真（図1）ならびに「大日本帝国議会開院式場之図」（図2）に描かれたそれとほぼ同じ造りになることがわかる。つまり、図2は構法上可能な架構を示していたのである。

　ところで、本章第1節において、控梁、斜柱、そして柱にはいずれも部材中央に割れ目があるので、二つ割の部材を使用した可能性のあることを指摘しておいた。「大架屋根組」（図14）に見られるように、各部材は2本一組で構成されていたと考えてよいだろう。なお、部材寸法は法務省旧本館（図6）を参考にし、垂木の間隔も旧本館（図7）に倣って半間とした。以上の考察に基づいて縮尺50分の1の模型を製作した（図16）。

図16　第一次仮議事堂の議場内部ならびに小屋組
（縮尺50分の1，平成18年 堀内正昭研究室製作）

2−7 屋根葺き材

図17は，仮議事堂を衆議院の方から撮影した写真である。隅棟に丸瓦のような形状のものが使われ，軒先には，丸みを帯びた凹凸が付いていることがわかる。このことから，議場周辺の下屋部分は，瓦葺きであったと思われる。議場の屋根については，目視では葺き材までは判別できないが，議場周辺の下屋と議場の屋根の色合いが異なり，議場の屋根の方が色濃く写っている。議場の屋根とそれ以外の屋根の葺き材は，異なっていたのではないだろうか。

図17　第一次仮議事堂の外観（衆議院の方から撮影した写真）

第一次仮議事堂の屋根葺き材に関する日独の文献調査をしてみると，両国で記述が異なっていた。日本の資料ではスレート，ドイツの資料ではアスファルト・ルーフィングが用いられていたというのである。

日本側の資料としては，『明治工業史』に，「帰国後彼等の中特に即効を奏せし者はスレート職にして，仮議院建築屋根工事中暴風雨に際会せしが，スレート一枚の飛散もなく大に声価を揚げたり」[17]という記述を見出すことができる。また，新聞記事に次の記述がある。

> 明治二十三年七月一日降りみ降らずみ入梅の空湿りがちなる頃ながら，日本最初の国会議
> 員すぐつて茲に三百名撰び出すべき吉日とて（略）内幸町に名も高き仮国会議事堂は建築
> 大方成るを告げ（略）我国古今未曾有なる国会こ〻に開かれて，今日撰びたる国会議員（略）
> スレート葺に降る雨の音も静けき議事堂を，ガヤ〜〜と訳もなく殺風景になることか
> と考ふれば又哀れなり（略）当日雨中の議事堂見に行きし一奇人より投書[18]

どちらも，スレート葺きと明記している。ただし，スレートとしても，それが天然スレートなのか人工のものなのかまでは判明しない。

天然スレートは，すでに西洋館の屋根を中心に用いられて久しいので，その可能性は十分にある。では，屋根材としてよく用いられた石綿スレートについてはどうか。石綿スレートは明治33（1900）年オーストリアで発明され，わが国へは明治37（1904）

年頃から輸入されたという。国産品としては，大正3（1914）年に浅野スレートの東京工場で生産されたのが嚆矢とされる[19]。したがって，石綿スレートの可能性はない。

一方，「ドイツ建築新聞」（1891年3月14日付）にわが国の国会議事堂関連の記事が掲載されている。以下，該当する箇所を引用する。

> ［仮議事堂の］仕上げ（木造）に当っては，建築家アドルフ・シュテークミュラーの監督下に，屋根の形態はさらに簡略化され，アスファルト・ルーフィングで葺かれた。この建物は世間一般の喝采を得たが，5週間足らず使用しただけで，電燈に起因する失火で，残念ながら1891年1月19日に焼失してしまった。[20]

「ドイツ建築新聞」のこの記事は，わが国の国会議事堂原案から和洋折衷案，そして仮議事堂に至る顛末を記述したもので，同時期の貴重な証言となる。同引用文でアスファルト・ルーフングと訳した原文のPappendeckungは，厚紙で葺くという意味である。ドイツ語ではDachpappe（屋根紙）という言い方をするが，それは，アスファルト（あるいはコールタール）を浸透させた防水紙のことである。わが国では，アスファルト・ルーフィング（あるいは単にルーフィング）と呼んでいるものである。

明治期におけるアスファルト・ルーフィングは，『アスファルトルーフィングのルーツを探ねて』に詳細な記述がある。同書によれば，明治22（1889）年頃は，まだアスファルト・ルーフィングは造られておらず，当時防湿材のアスファルトフェルトが屋根葺きに使用されていたこと，その際フェルトは輸入品であったらしいこと，そして，フェルトの代用として，紙を用いた国産の「紙瓦」が明治25（1892）年に特許出願されたことが書かれている[21]。さらに，「舶来のルーフィングは明治22年に穴原商会が取り扱い始めている」[22]ので，仮議事堂へのルーフィングの使用は外国産のものであれば可能だったことになる。

「ドイツ建築新聞」の記事は，第一次仮議事堂に関する後日談であり，記述の誤りと見なすわけにはいかない。そこで，ドイツにおけるルーフィングについて紹介する。

2－8　ドイツにおけるルーフィング

"Der Dahdecker und Bauklempner"（屋根葺き職人と板金工）によれば[23]，タール厚紙（Teerpappe）は，18世紀にスウェーデンで発明され，同国とフィンランドにおいて使用されていたという。ドイツでは，ジリー（David Gilly）がルーフィングの重要性を認識して，その著作を通じて一般に広めようとしたが，19世紀初期の動乱や政治的状況からルーフィングの製造は長らく行われなかった。1842年頃，後に会社を起こすブッシャー（Friedrich Wilhelm Büsscher）がスウェーデンに赴いて技術を習得し，その後エバースヴァルデに最初の工場を設立したとされる。したがって，ドイツにおけるルーフィングの使用は19世紀半ばから始まったと考えてよいであろう。

ルーフィングの種類については，フェルトに以下のような様々な混合剤を浸透させ

て製造していた。コールタール，コールタールとアスファルト，アスファルトの代わりに，トウヒ樹脂，松脂，ロジンなどである。なお，工場では幅1mのものが生産されていた。

　ルーフィングを用いる屋根勾配については，1寸勾配（10分の1）以下が望ましいとされた。その理由は，屋根の勾配が急なほど強風が当る反対側の屋根面の空気が希薄になり，その屋根面のルーフィングが持ち上げられたからだという。また，勾配が急なほど塗装剤が滴りやすく，屋根葺き職人にとっては，勾配の緩い屋根の方が作業がしやすいという利点があった。さらに勾配の急な屋根では足場を組む必要があり，ルーフィングに穴を開け，足が滑ってそれを破損する可能性があったからだという。

　野地板については，厚さ2.5cm以上の板を実矧ぎとする。実矧ぎのない板張りは，屋根窓から風が入ったとき，板の継ぎ目から風が抜けてルーフィングを膨らませ，持ち上げてしまうからである。また，実矧ぎをした板張りは板のたわみを防ぎ，屋根の上を歩く際のルーフィングの破損を防いだ。板の反りをできるだけ少なくするために板の幅は15cmを越えないものがよいとされた（図18左）。ルーフィングの葺き方には次のような仕様があった。

a）押縁を用いない釘止め

　棟と軒に平行にルーフィングを葺き，その葺き重ねには液状のコールタールを塗り，釘の頭が平坦な亜鉛製のものを約5cm間隔で打ち付ける。

b）押縁を用いた釘止め

　押縁は三角形状の部材を用いる。その間隔は98cmで，押縁の2面にそれぞれ75cm間隔で釘止めする。

c）重ね葺き

　重ね葺きする場合は，最初に葺いたルーフィングの上に垂直に針金を約1mの間隔で置き，それをスレート用の亜鉛製の釘で押さえられるように打ち付ける（図18右）。

　本章2－4節において，仮議事堂の議場小屋組を復元考察した際に，ドイツの類例建築に仮設の祝典会場があったことに触れた。祝典会場のうち，ルーフィングが用いられていた建物として，第7回ドイツ体育祭祝典会場（図19）がある[24]。同会場は，ホー

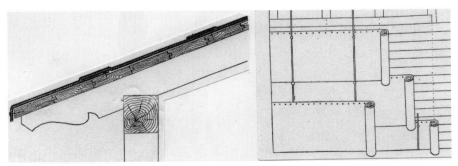

図18　ルーフィングの葺き方

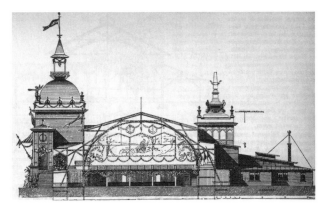

図19　ドイツ体育祭祝典会場（ミュンヘン,1889年）

ルの梁間25m，高さ17mで，小屋組は母屋，それを支持する斜柱，控梁，帯梁からなり，タイバーを渡していた。屋根はほぼ3寸勾配である。

2－9　屋根葺き材と外壁仕上げ

　ドイツ側資料のように，ルーフィングが用いられたとすると，例えば仮議事堂における議場の屋根は6寸5分勾配なので，当時のドイツにおけるルーフィング仕様の建物と比べると勾配はかなり急である。ただ，仮議事堂の小屋組については同時代のドイツの祝典会場に酷似する例があったこと，その種の建築にルーフィングを用いた例があったこと，そしてわが国において時期的にルーフィング仕様が可能であったことから，仮議事堂の屋根葺き材にルーフィングが使用された可能性は否定できない。

　このように，第一次仮議事堂の屋根葺き材についてはどちらの可能性もある。仮にドイツ側資料のようにルーフィングが用いられたとすれば，それが天然スレートと色合いが似ているため，遠目に見ると分からなかったであろう。この場合は，ルーフィングを重ね葺きしたのであろう。

　それに対して，日本側資料のように，天然スレートで葺かれたとすれば，当初ルーフィングが想定されていたが,着工前あるいは工事の途中で(遅くとも明治23年3月以前)屋根葺き材の変更がなされたことになり，さらに建物が短期間で焼失したため，ドイツ側にその変更まで正確に伝わっていなかったことになる。

　この点について,ひとつ思い当たる節がある。第1章（1－6）にて「中外商業新報」の記事「（略）最初六ヶ月間使用の見込みなりしを，今度更に十五ヶ月間使用し得るよう，丈夫に建設する事となりたる」[25]を紹介した。ここから勘案すると,明治22（1889）年3月以降に実施された増築の際に屋根葺き材のことも検討され，耐久性のあるスレート葺きに換えたのかもしれない。

　第一次仮議事堂の外壁仕上げについては，木造であること以外に詳しく言及した資料は見出せなかった。図19には横板の上下に影が出来ていることから，外壁は下見

板張りであったことがわかる。では，それはいわゆる南京下見なのか，あるいはドイツ下見なのか。板を横に使って，板と板とを羽重ねにする南京下見（イギリス下見とも）に対して，ドイツ下見は，板の両端を合欠きにして，板と板の間に溝（箱目地）ができるように重ねる。光の射し具合で，どちらの張り方も板の合わせ目に影ができるので，遠目からでは判断が難しい。なお，南京下見では，羽重ねした横板が柱の側面に当るところでジグザグの線となるが，これも写真からは見分けがつかない。

結　語

　このように同時代の写真，絵画資料ならびに類例建築から，第一次国会仮議事堂の小屋組は，当時わが国で「ドイツ小屋」と呼ばれていた技法を用いて，それをタイバーで補強した混合構造で造られていたと考えられる。本章で取り上げた絵画資料では，「大日本帝国議会開院式場之図」（図2）の小屋組が実態に近いものであった。

　仮議事堂の構法は，同時代のドイツに建てられた祝典会場のそれに類似していた。ただし，ドイツの祝典会場は会期終了後に取り壊された仮設建築であったのに対して，仮議事堂は本議事堂が建設されるまでその役割を全うするはずだったので，同列に扱うわけにはいかない。双方の類似性は，規模の大きな空間を造るために，木材と鉄の混合構造を用いるという共通した架構法であったことに起因しよう。

　第一次仮議事堂の屋根葺き材については，屋根の色合いが異なる以上，2種類の葺き材が使われていたのではないだろうか。すなわち，議場の屋根は天然スレートあるいはアスファルト・ルーフィングで葺かれ，それ以外は瓦葺きであったと考えられる。そして，この場合，日独の関連資料は，建物の下屋ではなく，議場の屋根葺き材のみを取り上げて言及していたと推察する。

註

1）大林組編著：「第一次国会議事堂　議会政治のシンボル」（『復元と構想　歴史から未来へ』所収），東京書籍，1986，pp.132-141
2）営繕管財局編集：『帝国議会議事堂建築報告書』，昭和13年
3）仮議事堂の小屋組の一部が描かれた絵画資料はほかにもあるが，本章で取り上げた例との差異はない。
4）滝大吉：『建築学講義録 巻之二』，建築書院，1896，pp.214-218
　三橋四郎：『和洋改良大建築学（中巻）』，大倉書店，1921（第13版，初版は1904年），pp.521-524
5）出浦高介：「西洋家屋構造 全」（『建築科講義録』所収），帝国工業教育会，pp.29-31 本書に奥付はなく年代不詳であるが，同書に収録された「日本家屋構造 全」の著者は古塚正治（宮内省技手　早稲田工学士という肩書で執筆）とある。古塚は早稲田大学を大正4（1915）年卒業し，宮内省では大正7年から同9年まで技手であったので，『建築科講義録』は大

正中期に出版されたのであろう。

6) 7)　半小屋裏ならびに母屋組の呼称は次の文献による。太田邦夫:『東ヨーロッパの木造建築－架構形式の比較研究』, 相模書房, 1988

8)　法務省旧本館, 旧青木周蔵那須別邸, 日本酸素記念館の小屋組については, 次の文献を参照。堀内正昭:「ドイツの母屋組屋根から見たわが国のドイツ小屋に関する研究」, 日本建築学会計画系論文集　第542号, 2001.4, pp.221-227　堀内正昭:「日本酸素記念館(明治44年)の構法ならびに復原的考察」, 1999年度日本建築学会関東支部研究報告集, pp.565-568　千葉教会については, 山田利行・堀内正昭:「日本基督教団千葉教会教会堂の小屋組と意匠に関する考察　R. ゼール研究　その2」, 2002年度日本建築学会大会講演梗概集, pp.349-350

9)　ドイツ時代の松ヶ崎萬長については, 岡田義治, 磯 忍:『青木農場と青木周蔵那須別邸』随想舎, 2001, pp.130-137

10)　Krauth, T., Meyer, F.S. (eds.): Die Bau-und Kunstzimmerei, Verlag von E.A.Seemann, Leipzig, 1895 (初版は1893, 再版1994), pp.130-152

11)　Stade, Franz (ed.): Die Schule des Bautechnikers 13. Band: Holzkonstruktionen, Verlag von Schäfer Moritz, Leipzig, 1904 (再版1997)
Opderbecke, Adolf: Das Holzbau-Buch, Verlag Th. Schäfer, Hannover, 1909 (再版1995)

12)　Warth, Otto: Die Konstruktionen in Holz, in: Allgemeine Baukonstruktionslehre, Band Ⅱ, J. M. Gebhardt's Verlag, Leipzig 1900 同書は『一般建築構造学』と名付けられたシリーズの1巻 (他に鉄骨構造, 石造, 混合構造)で第6版のリプリントである。『鉄骨構造』が1890年に刊行されていることから, 仮議事堂と同時代と見なしてよい。

13)　Ibid., p.226

14)　ハイデルベルク大学500周年祝典会場についてはIbid., pp.228-229 第10回ドイツ連邦射撃大会祝典会場についてはIbid., pp.230-231

15)　『建築雑誌』1216号, 1984.1, pp.87-95

16)　株式会社大林組 (編著):『復元と構想 歴史から未来へ』(前掲書)

17)　工学会 (編):『明治工業史建築篇』, 工学会明治工業史発行所 1930 (初版1927), p.189

18)　「時事新報」第2704号 (明治23年7月3日付), 参照:『時事新報 (明治前期編)9巻～(3)』, 龍渓書舎, 1986, p.13

19)　中川孫一:「石綿スレートの起源と変遷」(大阪建設業協会編『建築もののはじめ考』, 新建築社所収, 1973, pp.394-401)

20)　Deutsche Entwurfe für japanische Monumenntal-Bauten I., in: Deutsche Bauzeitung, 1891, p.122

21)　日新工業株式会社 (編):『アスファルトルーフィングのルーツを探ねて』(非売品), 鹿島出版会制作, 1984, p.27

22)　同上, pp.80-81

23）Opderbecke, Adolf, Der Dachdecker und Bauklempner, Verlag von Bernh. Friedr. Voigt, Leipzig, 第2版1904（初版1901, 再版1997）

24）Warth, Otto, Die Konstruktionen in Holz, op. cit., p.229

25）「三百坪建て増し, 予算十七万円」と題する記事（1889年3月5日付）から。参照：『明治ニュース事典第四巻』, 株式会社毎日コミュニケーションズ, 1984, p.225

【図版出典】

図1　営繕管財局編集：『帝国議会議事堂建築報告書』（前掲書）

図2, 6　（複写）, 7（複写）堀内正昭研究室所蔵

図3, 4, 16　衆議院憲政記念館所蔵

図5　滝大吉：『建築学講義録 巻之二』（前掲書）

図8, 9　筆者撮影

図10　三橋四郎：『和洋改良大建築学（中巻）』（前掲書）

図11　Krauth, T., Meyer, F.S. (eds.)：Die Bau-und Kunstzimmerei（前掲書）

図12, 13, 19　Warth, Otto: Die Konstruktionen in Holz（前掲書）

図14　日本建築学会図書館所蔵

図15　筆者作図

図17　日本建築士會編：「日本建築士」（昭和12年1月, 第20巻, 第1号）

図18　Opderbecke, Adolf, Der Dachdecker und Bauklempner（前掲書）

第3章　第二次国会仮議事堂

　明治23（1890）年11月24日に竣工した第一次国会仮議事堂は，その後2ヵ月足らずの明治24（1891）年1月20日に焼失した。原因は漏電による失火とされる。第一次の後継として急ぎ再建された第二次国会仮議事堂（以下，第二次仮議事堂あるいは第二次と称す）は，大正14（1925）年9月まで，長きにわたって建て替えられずに使用されてきた。それは，議事堂としての一定の水準を維持してきた証とも言える。そこで本稿では，第二次仮議事堂の外観と平面計画を分析し，議場空間を造った小屋組を復元考察するとともに，第一次の何が継承され，どのような工夫が新たになされたのかを明らかにする[1]。

3－1　第二次仮議事堂の建築概要

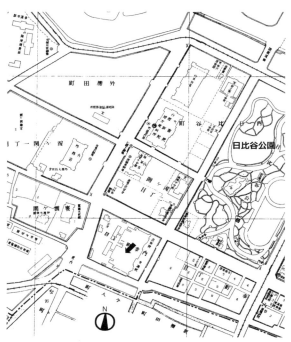

図1　第二次仮議事堂の配置図（矢印が仮議事堂）

　第二次仮議事堂は明治24（1891）年4月28日に着工し，6ヵ月の工期で10月30日に竣工した。場所は第一次と同じ街区で，一例を挙げれば，明治44（1911）年の地図に，第二次仮議事堂の建物の輪郭が描かれている（図1）。同敷地の南北軸はやや右に振れ，敷地の東側に建物への出入り口がある。第二次仮議事堂は竣工後，明治39（1906）年から同42（1909）年にかけて大掛かりな修繕を行っているので，まず竣工当初の建築概要から説明する。

　建物は木造2階建てで（図2），建物中央に正面玄関を，正面向かって右手（北側）に貴族院の，左手（南側）に衆議院の議場をそれぞれ配し，専用の玄関口を設ける。建物中央部にスロープのある車寄せが付く。車寄せの正面に2本一組の角柱を計4つ並べ，その上をバルコニーとする。この正面玄関部の頂部の妻面上部には，さらに小さな切妻が張り出してアクセントを添える。貴衆両院の玄関口にはスロープはないが，中央部と同様の造りとし，両院の議場上に大きな切妻造りの屋根を架ける。これらの屋根に比較すれば，中央部に立ち上がる塔屋の規模は小さいが，屋根の周囲に切妻破風の飾りが付く。

図2　第二次仮議事堂正面全景

　建物の両端部は他の棟より張り出し，中央部の塔屋と同様の屋根飾りを持つ。両端部は3階建てであるが，それ以外はほぼ総2階で矩形の窓が規則的に設けられ，両議場上の屋根の妻側ならびに側面に矩形の連続窓が並ぶ。このように，第二次仮議事堂の建物は間口約140mの長大なファサードを誇り，中央部，両院議場部，そして両翼部の計5ヵ所に設置された屋根もしくは塔屋により起伏に富んだ外観を見せる。

　外壁は，斜材あるいは×型に組んだ構造軸組を意匠化した木組を露にした真壁造りである。炎上する第二次仮議事堂の写真（図3）には斜材が支柱とともに残っていることから，斜材は化粧材ではなく，構造材として機能していたことがわかる。各玄関口の切妻破風には唐草の装飾模様があしらわれ，両議場の大屋根の妻側には竪板が張られている（図4）。この竪板の下端には丸みを付けた加工がなされている。屋根葺き材は両院議場以外の下屋周りが桟瓦であるが，写真（図2）では両院議場の屋根の葺き材は不明である。ただ屋根面の色に違いがあり，下屋よりも両院議場のそれの方が濃いため，葺き材を異にしていたと推察する。

図3　炎上する第二次仮議事堂：
修繕工事中の大正14（1925）年9月18日に，失火から焼失。

図4　第二次仮議事堂外観：
修繕後の写真であるが，妻側の意匠は変わっていないと考えられる。

次に，主要諸室を紹介する（図5，6）。1階中央玄関を入ると八角形の玄関ホールがあり，その左右（南北方向）の横長のホールから各部室（第一部から第四部と記載）に出入りする。このホールの先には整衣所を挟んで貴衆両院の議場が配される。両議場のうち，貴族院には玉座があり，建物の両端部には議長室，書記官長室などが設置される。また，玄関ホールの奥（西）には応接所，両院協議室などが，議事堂本体から離れた西側の2ヵ所に会食堂がある。

　2階へは，玄関ホールに設けられた二股の階段を上り，踊り場を経て行く。階段室の周囲には1階と同じく横長のホールがあり，外国貴賓室，各部室（第七部から第九部と記載）に至る。1階の両院協議室の上は便殿で，その左右に大臣室，皇族室等がある。また，両院議場周りには各部室（第五部，六部），傍聴人控所，特別委員室等が，本館背後に常任委員室等があり，1階会食室の上は談話室である。

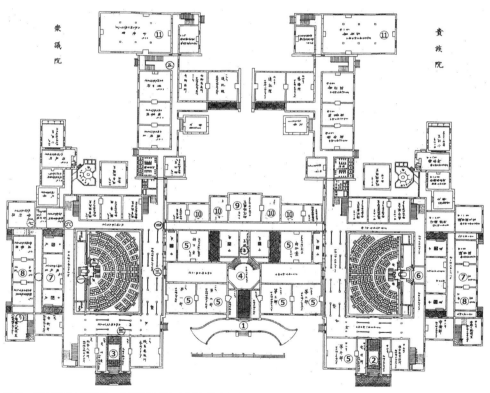

図5　第二次仮議事堂・1階平面図（番号 筆者補）
　　①中央玄関　②玄関（貴族院）　③玄関（衆議院）　④玄関ホール　⑤各部属室　⑥玉座
　　⑦議長室　⑧書記官長室　⑨両院議長室　⑩応接所　⑪会食室

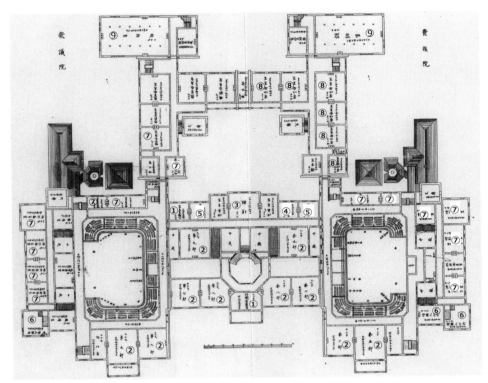

図6　第二次仮議事堂・2階平面図（番号 筆者補）
　　①外国貴賓室　②各部属室　③便殿　④皇族室　⑤大臣室　⑥傍聴人控所　⑦特別委員室
　　⑧常任委員室　⑨談話室

3－2　第二次仮議事堂の修繕工事

　修繕工事は，建物の竣工後15年を経過したときに行われている。修繕工事後の平面図が図7で，『帝国議会議事堂建築報告書』に以下の記載がある[2]。

　　然れ共本建物は火災後早急の建築に係れるものにして，其の後年々腐朽破損の箇所を増加し来れるを以て，之が大修繕工事は時の司法技師山下啓次郎を主任とし明治三十九年度より同四十一年度に亘りて施行せられたり。この時規模の拡大，両院玄関の模様替等ありて本建物は其の外観に多少の変化を生じたり。

　同工事について『大蔵省臨時建築部年報』[3]に詳細な報告がなされている。まず明治39（1906）年度において「施行セシ工事ハ本館建物背面ニシテ総建坪ノ約五分ノ一即チ四百五十坪余ナリ工事ノ内容ハ専ラ腐朽ノ箇所ヲ修繕シ構造上必要ノ部分ヲ補足シ又一部ヲ改造シ外観ノ容姿等ニ至リテハ元形ヲ変セサルコトトナリ」[4]とある。

　明治39年度は本館以外が対象で，建物の外観の改変を伴うような工事ではなかった。主な内容を以下に要約する。

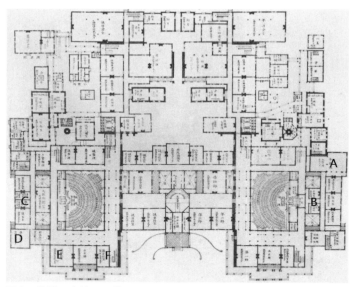

図7　修繕工事後の1階平面図（アルファベット 筆者補）

・本館の土台と床下は大半が腐朽しているので，新材で補修する。
・束石は花崗岩に取替え，土間床全体をコンクリートの三和土（たたき）とし，床下
　換気口を増設する。
・室内の使い方を改善するために，二階床下の梁を変更あるいは増加して，支柱を撤
　去する。
・内部壁はすべて白漆喰で塗り直す。
・屋根葺きは根底から修繕する。
・暖炉は地震への対処から廃止したが復旧する。
・両院会食堂の腰壁（羽目板）にペンキを塗り，その上の壁紙を変える。寄木張りを
　更新する。
・貴族院の委員室と談話室等に絨毯を敷き詰め，貴族院の廊下と事務室，衆議院のす
　べての部屋はイギリス製のリノリュームを敷く。
・天井の塗装が剥落しているので，繰形を施した木製に変更しペンキ塗りとする。
　次に明治40（1907）年度においては，「施行セシハ建物中央部ニ属シ両院議場ヲ限
　界トシ総建坪ノ約二分ノ一即千二百七十坪余ナリ工事ノ内容ハ前年度ト殆ト同一ナ
　ルモ（略）外観ノ容姿ニ於テ一ニ異ナル補修工事ヲ為シタルノ差アルノミ其異ナル
　点ハ左ノ如シ」[5]　として，以下の項目が列挙される（下線筆者）。

　　①両院議場議長席ノ左右荷持柱ヲ除去シ之ニ代フルニ迫持構造トシ以テ完全ト宏壮トヲ期
　　　セリ
　　②中央玄関御車寄ハ狭隘ニシテ不便ヲ感スルコト数々ナリシヲ以テ元形ニ倣ヒ六尺通リ拡

張セリ

③両院議員昇降口及其両翼ニ幅約一間五分延長二十一間余ノ「プラットホーム」ヲ設ケ土間ハ全部「コンクリート」叩キ洗ヒ出シト為シ（略）屋根ハ亜鉛鍍鉄板ノ瓦棒葺ト為シ（略）昇降口ノ間ニ在リテハ在来ノモノ狭隘ニシテ交通甚不便ナルヲ以テ左右間仕切ヲ除去シ大広間トシ（略）

　①について，議場内の写真を探したところ，『目で見る議会政治百年史』に，第20回帝国議会の様子を伝える絵と（図8），「戦時議会記念絵葉書」（図9）が掲載されていた[6]。第20回帝国議会は明治37（1904）年3月に，戦時議会は日露戦争中（明治37年2月から翌38年9月）に召集された。したがって双方の図版は修繕前のもので，議長席の左右近くに支柱が立ち，これらが引用文中の荷持柱である。修繕後の議長席周辺(図10)と比較すると，この左右の支柱は撤去されるとともに水平材が引き上げられ，支柱と水平材との結合部にアーチ状の三角小間（引用文中の迫持構造）が付け加えられたことがわかる。修繕後は，議場内ひな壇（大臣席など）への視界が格段に広がったのである。

図8　第20回帝国議会・衆議院議場

図9　戦時議会記念絵葉書・貴族院議場

図10　第二次仮議事堂・貴族院議場（修繕工事後）
（書込み　筆者補）

②については，中央玄関の車寄せの奥行は修繕前より広くなっている（図11，12）。引用の記載によれば6尺広げたことになる。

図11　第二次仮議事堂・中央玄関車寄せ周辺
（修繕工事前：図5の右下部分を拡大）

図12　第二次仮議事堂・中央玄関車寄せ周辺
（修繕工事後：図7の右下部分を拡大）

③については，両院玄関口の車寄せの左右に下屋（引用ではプラットホーム）を取り付け，その幅が1間5分（6.05尺＝1833mm），長さが21間（126尺＝38182mm）余という。写真（図4）から，下屋の直下が洗出し仕上げかどうかまではわからないが，屋根は亜鉛鉄板の瓦棒葺きであることが判別できる。また両院玄関口の受付所をなくして，正面の3ヵ所から出入りできるように拡張していることも確認できる（図12）。
　以上のほか，明治40年度はとくに便殿と玉座の内装の化粧直しを行っている。
　なお修繕に関して，新聞記事に以下の別の記載がある（下線筆者）。

　　改修前に比し相違を来したる箇所は（略）皇族，外国人，議員，婦人各傍聴席を除くの外
　　一般人士の傍聴席の間にありたる間切壁を取除き新聞記者席を傍聴席前面全部に取広げた
　　る（略）[7]

　傍聴席については，『世界の議事堂』に修繕後のものが掲載されている[8]（図13）。修繕前の2階平面図の傍聴席は2つの間仕切り壁で3区分されていたが（図14），それらは修繕後には撤去されている。

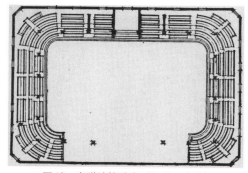

図13　衆議院傍聴席（修繕工事後）

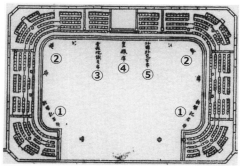

図14　衆議院傍聴席（番号 筆者補）
（修繕工事前：図6を拡大）
①新聞記者席　②公聴席　③貴族院議員席
④皇族席　⑤外国外交官席

修繕工事の最終である明治41（1908）年度は，「本年度ニ於テ施行セシ区域ハ両院議員整衣所ヲ限界トシ建物左右翼ニ亘ル部分ニシテ総建坪ノ五分ノ一約三百五十坪ナリ」[9] という。文中の整衣所とは，両院議場の南ならびに東側に隣接する所で，両翼部を主とした工事となる。主な修繕箇所をまとめる。
・貴族院の委員課室（図7のA）を拡張し暖炉を増設する。
・同院の議長付属室にＴ字形廊下を新設して議場への出入りを便利にする（図7のB）。
・衆議院の議長室に間仕切りを入れ，議長ならびに書記官長の執務室に改造する（図7のC）。
・同院の傍聴人通行階段を撤去し貴賓応接室とする。階段を移設した部屋に間仕切りを入れて，議員応接室とする。
　図7に記入したＡ～Ｃ以外は，図面記載の名称とは異なるため，場所は正確に特定できないが，同図のＤ，Ｅ，Ｆが修繕前の図面とは異なる。このほか年報では，両院の議長室，書記官長室等の壁と床が更新されている。

3－3　設計者について

　第二次仮議事堂は，「内務技師吉井茂則及独逸人建築家オスカール・チーツエ等の設計」によるとされ[10]，2名以上の設計者がいたことになる。
　そもそもわが国の国会議事堂の設計は，ドイツのエンデ＆ベックマン建築事務所が請負い，同所員のパウル・ケーラー（1888年没）が担当した。仮議事堂案もケーラーが手掛けたが，病気のため同じ所員のアドルフ・シュテークミュラー（生没年不詳）が引継ぎ，内務技師の吉井茂則（1857～1930）とともにその任に当たった[11]。
　したがって，吉井茂則は第一次に続き第二次仮議事堂に係ることになる。吉井とともに併記されたチーツエはOttokar Tietzeと綴るので，以下カタカナ表記ではオットカー・チーツェとする。チーツェ（1858～1911）はドイツ人建築技官で，明治20（1887）年5月に来日し，わが国の官庁集中計画に携わったとされる人物である[12]。4年7ヵ月滞在して，明治25（1892）年1月に離日している。チーツェは司法省庁舎（現法務省旧本館，1888～1895）の工事担当者として来日したが，途中から担当をはずれている。在日中は仮議事堂のほかに，大臣青木子爵のための付属屋付き別荘，ドイツ公使館の増築，ドイツ東洋文化研究協会の改築，横浜の生糸倉庫の工事等に携わったとされる。
　ところで，第二次仮議事堂の設計者として，「東京日日新聞」ならびに『世界の議事堂』にはそれぞれ次の記載がある（下線筆者）。

　　麹町区内幸町二丁目の焼失跡へ新築すべき貴衆両院は吉井内務技師が製図の任に当り，古市土木局長，妻木技師の設計にて予算金額を二十五万円と定め，去る五日に内閣へ提出せり（略）[13]

建築担当技師は前建築に関係した吉井茂則の外妻木頼黄及独逸人オスカル・チーツェ等の
　　　人々であつた。[14]

　後者の引用元である『世界の議事堂』を著した大熊喜邦（1877～1952)は，明治40 (1907)
年大蔵省臨時建築部に入り，以後多くの官庁建築を手掛け，現国会議事堂の完成に携
わっている[15]。そもそも大蔵省へは第2章2—5で触れた妻木頼黄の勧めで入省して
おり，議事堂の歴史と内実に精通した人物である。そこで以下，妻木の履歴を紹介する。

3－4　妻木頼黄について

　妻木頼黄は安政6 (1859) 年，江戸の旗本（千石）の家に生まれ，15歳頃から英語
を学び始め，明治9 (1876) 年に渡米する[16]。ニューヨークでは富田鉄之助（後の日本
銀行総裁），相馬永胤（後の横浜正金銀行頭取），目賀田種太郎（後の大蔵省主税局長）ら
と知り合い，その親交は生涯続いたという。一旦帰国して，明治11 (1878) 年に工部
大学校造家学科に入学する。しかし，2年後に同校を中退してニューヨーク州コーネ
ル大学建築学科に編入する。明治17 (1884) 年に同大学を卒業して，翌明治18年に帰
国する。帰国後は東京府技師となり，明治19 (1886) 年内閣に臨時建築局が新設され
るや同局の技師を兼任している。

　臨時建築局の目的は，大審院，司法省，国会議事堂の建設を含んだ官庁集中計画を
実現することで，そのためにドイツ人建築家エンデとベックマンが招聘される。妻木
はこの一大計画の準備のために，明治19年に渡独して，ベルリンのエンデ＆ベック
マン建築事務所にて実務を経験するとともに，当地にてわが国の国会議事堂案作成に
従事している。明治21 (1888) 年の帰国後は大審院（東京裁判所）の工事監督をし，翌
明治22年に東京府庁舎を設計する。そして，明治27 (1894) 年，広島にて臨時帝国議
会を召集することとなり，その仮議事堂の設計が妻木に託された。

　明治29 (1896) 年，妻木は臨時葉煙草取扱所建築部技師兼内務技師に就任し，大蔵
省に拠点を築くこととなった。その後，明治34 (1901) 年大蔵省総務局営繕課長，2
年後に同大臣官房営繕課長，そして明治38 (1905) 年，大蔵省臨時建築局建築部長へ
と昇格し，大正2 (1913) 年に退官するまで官僚営繕のトップとして，大蔵省のほかに，
税関，専売局，さらに民間の銀行，麦酒工場など数多くの設計に従事し影響力を行使
した。

　妻木頼黄が第二次仮議事堂に実質的にどの程度係ったのかは明らかではない。しか
し，妻木はベルリンにおいて最初の国会議事堂案（原案）の製図に従事し，広島臨時
仮議事堂を設計したことから，資料によってはその名が明記されない場合があるが，
第二次仮議事堂の設計に参画していた可能性は十分にある。

3−5 第一次仮議事堂との比較

　第二次仮議事堂の外観における第一次との目立った相違は，正面中央に塔屋を付けたこと，貴衆両院議場前に新たに玄関口を設けたことである（図2，5）。さらに建物両端に3階建ての増築を行ったことで偶部が強調され，間口方向の長大なファサードを引き締めている。このように第二次仮議事堂では，大小計5つの屋根が立ち上がるとともに3つの玄関口が張り出して，垂直方向には高低の，水平方向には凹凸の出入りのある構成となっている。

　次に外装については，第一次が一貫して下見板張りの仕上げであったのに対して，第二次では木組の意匠が多用された真壁造りで，第一次以上に修飾されている。開口部については，第一次における議場の大屋根に穿たれた窓がアーチ形であったのに対して，第二次ではすべての開口部に矩形窓を採用している。両者には確かに相違点が多いが，玄関口の意匠についてはどちらも2本一組の柱が4本立ち並び，車寄せの上はバルコニーになっている点は同一である。

　ところで，屋根葺き材について，筆者は第2章（2−7）にて，第一次仮議事堂の議場の屋根は天然スレート葺きあるいはアスファルト・ルーフィング，下屋周りは桟瓦葺きとして，葺き材を異にしていた可能性を論じた[17]。第二次においては外観写真からの判断となるが，屋根面の色調の違いが第一次と似ており（参照，第2章図17），同様の葺き分けをしていたと推察する（図2，18）。

3−6 関連記事

　次に，第一次と第二次仮議事堂とを比較した記事を少々長いが引用する[18]（下線筆者）。

　帝国議事堂は愈一昨廿日を以て内務省建築局より両院事務局へ引渡し済となりたるが今大日本建築会社の技師吉澤氏に就き新旧両議院構造の比較を聞得たるま、左に掲げんに総建坪は二千四百八十七坪にして之を旧院に比すれば六百坪を加へたり，昇降口は旧院は一ケ所にして大に不便を感ぜしが今回は中央及び左右都て三ケ所に設けたり，又今回の建築に於て最も意を致したるは防火壁なるが此防火壁は八十万貫の鉄戸を以て造り中央と両院の境及び両院と其後部なる常任委員室の境並に常任委員室と会食堂の境に設置し万一の事ある時は直に此鉄戸を締切り如何なる猛火も其境を侵して燃入ることの出来ざる装置なりといふ，又旧院の部室は往々狭隘を感じたるに依り今回は建増して廿六坪とせり常任委員室も亦廿五坪に建増せり，又一見毫も旧体を存せざるものは議場なりその次第は旧院は抜天井にして幔幕を張りしも何分音響漏れ易く且暗黒にして不便少からざりしが今回は硝子の格天井となし三分の簾硝子を一面に吊したれば光線の映射は固より外観も亦極めて美なり加之ならず格子間も亦一分づ、透しあれば空気の流通もよく如何に満員なりとも更に苦悩を感ずることなしとのことなり，拟又点燈は旧院の割には燈台を場内に直下しありしが今

回は千五百燭の電燈二台を硝子天井の裏面に設けたり，又旧院の卓子はその丈割合に高くして傍聴席より見下す時は頭ばかり并列せる如く甚だ見悪かりしが今回は八寸づ、を低め且つ後部へ毎段一尺五寸づ、を高めたれば後席が前面の人に遮ぎらる、憂少しもなし（略）さて議院建築上に於て最とも技師の技量を現はすべきは音響の工合その宜しきを得るの如何に在るを以て此点に就きては古市土木局長及び監督技師吉井氏等も充分講究の上天井の高低より椅子の配置に至るまで皆学理上に基き定めたる由にて其旧院に勝るは勿論のことなり（略），又傍聴席は両院共これを広め貴族院は四百九十二人，衆議院は五百四十二人を容れ得ることにせりと

　以上から第二次仮議事堂では，規模の拡大，出入り口の増設，各部室の拡張，防火壁，ガラスの格天井と天井裏への電燈の設置，議場内の空調，音響ならびに傍聴席からの視界の改善等が図られていることがわかる。以下，諸点について考察を加える。

3－7　比較考察

　第二次仮議事堂の１階平面図に第一次の外壁の輪郭線を重ねたのが図15である。第二次仮議事堂の間口方向は最長で約140mに対して，第一次のそれは約128mである。本館の建坪については，第二次は3267坪，第一次は1753坪である[19]。第二次仮議事堂で規模を大きくした箇所は，建物背後の付属屋を除くと，貴衆両院議場前の玄関周り，建物両翼部の議長室周辺であり，建物西側の諸室はわずかに張り出しているに過ぎない。両者において個別の部屋割り，中庭の配置は異なるものの，重要な議場の大きさは同一で，特徴的な八角形の玄関ホール，その二股の階段の形状，ホールから両議場へ通じる横長のホールは不変である。

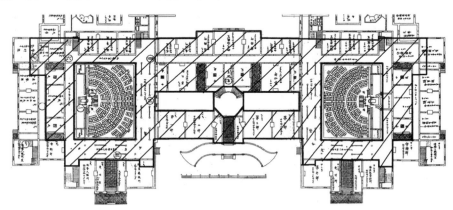

図15　第二次仮議事堂１階平面図（図５）に第一次の外壁輪郭線を重ねた図（斜線 筆者補）

　先に第二次仮議事堂の修繕工事において，議長席左右の支柱を撤去したことに触れた。そもそも第一次と第二次の議場とも同一規模であるのもかかわらず，建設当初の第二次の議場ひな壇に沿う桁行方向に，第一次より多くの支柱を入れたのは構造（耐

震）補強にほかならない。修繕の結果，第二次の議場内は第一次のそれと酷似するものとなった（図10，16）。双方の議場を見比べると，ひな壇の柱には一定間隔で段が付き，柱の上の水平材に繰形が施され，柱間の壁に三角破風（ペディメント）が付くなど，その意匠は見紛うほど似ている。

図16　第一次仮議事堂・貴族院議場

　防火壁については，別の記事に「其構造は戸口々々の辺は特に厚さ二尺の煉火石の間に厚さ寸余の鋼鉄を二十貫目の鉄棒にして其運転を自由ならしめ万一火災の時は此鉄戸を閉鎖して焼失を防ぐなり（略）其構造も木造なるに防火壁を設けたる為百六十万の煉瓦石を用ひしと云ふ」[20]とある。

　防火壁の箇所（図17の黒塗り部分）は，主として建物の中央部分と貴衆両院の議場とを大きく分割するように配置されるほか，本館から背後の建物に出入りする通路，会食堂などに設置されている。なお，防火壁は外観写真から卯立（うだつ）のように屋根から突き出ているのがわかる（図18の矢印）。

　部屋の拡張については，例えば第一次の部室（第一局，第二局と呼称）は17.523から17.654坪，常任委員室は10.94から17.654坪であるのに対して，第二次の部室（第一部，第二部と呼称）は25.476から27.095坪，常任委員室は20.787から25.983坪であり，5割ほど大きくなっている。

　天井裏には1500燭の電燈を2台設置したという。燭（しょく）とは昭和23（1948）年以前に用いられていた光度単位で，日本電燈株式会社が明治23年4月に発行した「電気燈案内」によれば，「此電燈は八燭力より十燭力十六燭（略）百燭力等段〻の種別ありて大なるは千燭力以上のものあれども通常の室内用には多く八燭力より十六燭二十燭力を用ひ」とある[21]。

　通常の室内用は8から20燭ということから，1500燭の光度はある程度想像できる。その光が厚さ3分（約9mm）のガラス簾を通して議場内に拡散された。ただし，図19

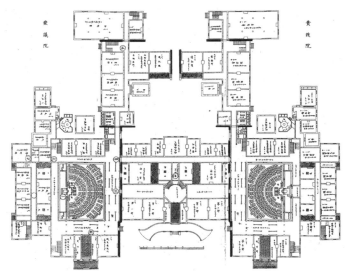

図17　防火壁の箇所（図5に黒塗り，一部加工）

図18　第二次仮議事堂外観
（図2を拡大：矢印の先が防火壁）

図19　第二次仮議事堂・衆議院議場

ではガラス天井の中央から電燈が吊り下げられ，次節で小屋組の復元考察に使用する
図版（図20）にも同様に天井下に照明器具が描かれているので，ガラス天井を通過す
る光力が不十分だった可能性がある。

　議場の床勾配については『復元と構想　歴史から未来へ』で，「第一次国会議事堂」
の復元が試みられ，正面立面図，貴族院本会議場正面展開図，衆議院本会議場正面展
開図が作成されている[22]。これらの図面に付随する大まかなスケール表示での概算と
なるが，第一次の議場の床勾配は約1寸勾配（1/10）である。第二次については，『世
界の議事堂』に掲載された議場の勾配を示す図版（図21）から，約2.2寸勾配（2.2/10）
で，第一次の約2倍の傾斜がある。

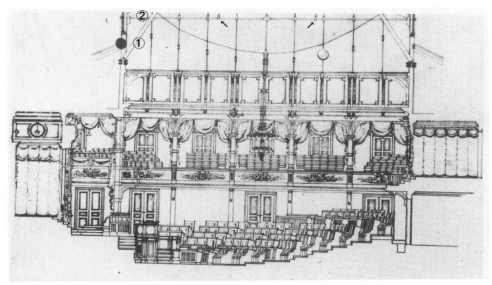

図20 第二次仮議事堂・貴族院議場の断面（番号 筆者補）

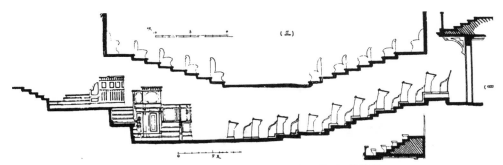

図21 第二次仮議事堂・議場の床勾配（図の下段）：なお上段は英国下院議場

　議場内の音響については，第1回帝国議会開催中の明治23（1890）年12月12日付の新聞が次のように報じている[23]。

　「帝国議会議事堂は其末席即ち議長席より前面斜めに左右突当りの場に発言者の音声慥に聞得ざる事ある」というので，造家学会（現日本建築学会）で協議することとなり，工事担当者のほか，「片山東熊，辰野金吾の諸氏等八十余名集会して種々協議」し，その際，議場が劇場と似た状態にあることから，歌舞伎座の音声の試験をすることになったという。

　同記事から，第一次において音響の問題が早くも提起されていたことになる。

　最後の傍聴席については，参考までに第一次仮議事堂の「傍聴席は議場の階上三方に設けたる三段の桟敷にして貴族院に在りては三百三十八人衆議院にありては四百三十二人供すべき椅子を配置し」との記事がある[24]。第二次において，貴衆両院とも傍聴者数を増やしている。

ここまで新聞の掲載記事の内容に検討を加えてきたが，それ以外の基礎工事に関する記事があったので，以下に引用する。

　　前議事堂（第一次のこと：筆者註）の地固めは稍十分ならざるところありて打杭の如きも二尺内外のものを用ひたりしより建築後間もなく屋舎の傾斜を来したるに付き今回（第二次のこと：筆者註）は右の前例に鑑み五尺の杭を打込むこととし（略）[25]

　同基礎工事について，第一次仮議事堂関連記事を探してみると，以下の記載が見出せた。

　　内幸町に建築中の国会仮議事堂は工事中俄に建物傾きければ一時工事を中止して地盤を修理し居たるが一両日前より再び建築に取懸れり[26]

　第一次仮議事堂においてこの事態にどのような応急処置をしたのかは不明であるが，第二次では当初から杭の長さ自体を変え，第一次以上の安全対策を図っている。

3－8　議場小屋組の復元考察

図22　第二次仮議事堂・衆議院議場付近の外観（図2を拡大）

　　第二次仮議事堂の議場においては，議長席の左右にあった支柱を撤去してひな壇周りを改修しているが，小屋組は改変されていない。そこで小屋組の考察に，竣工時の議場正面を撮影した写真（図22），平面図（図5），そして関連文献ならびに新聞記事のほかに，改修後の断面図（図20）を使用する。

　まず屋根の傾斜は，写真（図22）から割り出すと約6.3寸勾配（6.3/10）である。次に議場の梁間については，『世界の議事堂』に「長方形議場の割合其容積の比較」の表があり，第二次仮議事堂議場の高さ，幅（桁行），そして長さ（梁間）の比を，1：2.98：2.25とする[27]。この比率から桁行と梁間の比は1.32：1となり，平面図に記載された議場坪数（142.205坪）に一致するように計算すると，桁行は82.20尺（24.91m），梁間は62.28尺（18.87m）となる。

　図20は貴族院議場の梁間方向の断面図である。ガラス天井までの展開図は詳細に描かれているが，同天井から上の小屋裏は一部のみが知れる程度である。ガラス天井から上に，議場側壁の柱と接合した斜めの部材が2本ある（図20の①と②）。そのうち

の①は柱との接合部に黒点が打ってあるので，柱とはボルト締めで緊結され，木材は二つ割りであることがわかる。部材②はその一部のみであるが，同部材と柱の間に添え木を挟んでいる。この添え木には同議場の梁間を鉄棒で繋ぐタイバー（屋根荷重により壁が傾くのを防ぐ目的で梁間方向に挿入される鉄棒のこと）が貫通し，それは部材①の隙間を通っていることがわかる。なお，このタイバーには，ガラス天井を吊っている計9本の鉄棒が接合している。

　これら2本の斜材を第一次仮議事堂の同箇所の写真（参照，第2章図1）と比較すると，斜柱と支柱の接合の仕方とその立ち上がる角度が似ている。第一次仮議事堂はシューテークミュラーが設計し，第二次は同じドイツ人チーツェが関与している。筆者は第一次仮議事堂の小屋組をいわゆる「ドイツ小屋」の技法から復元したので，第二次についても同様の技法を応用してみる。その際の条件は以下の通りである[28]。

・ドイツ小屋とは母屋組の一種であり，棟木，母屋等で合掌を支持して，束，斜柱，帯梁（おびばり），控梁（ひかえばり），方杖を組合わせて構成され，とくに帯梁と控梁は合せ梁とし，合せ梁と他の部材との接合点はボルト締めされる（参照，第2章図5）。

・棟木から鼻母屋（軒桁）までの垂木（合掌）の長さが4.5m以上の場合は，母屋が必要で，母屋と鼻母屋（軒桁），母屋と垂木（合掌）の長さはそれぞれ4.5mを最大値とする。

　以下，議場小屋組の復元考察をしていくが，その前に関連する新聞記事を紹介する（下線筆者）。

　　天井も演説者音声の反響を防止する為に旧議場より六尺下に議場の日光を引きて透明ならしむるに天井の中央に六尺四方の硝子窓を設たり此硝子は先に独逸国へ注文せしを以て此程漸く到着したるものにて其質透明堅固にして頗る美麗也[29]

　　天井の明り取も旧議事堂は屋根裏へ付着しありしより声音の反射甚だ面白からざりしが今回は右の前例に懲り天井下数尺を下りし所へ鉄棒を以て六尺四方の硝子窓を釣下げる仕組となしあれば今後は声音も益々遠距離に達することならん[30]

　ここで言う「旧議場より六尺下」あるいは「天井下数尺」は同じ表現であるが，旧議場の天井とはどこを指しているのか。第一次の議場は平天井ではなく，曲面天井であった。そこで，旧議場両側壁の控梁が造る天井を基準に（参照，第2章図1），そこから6尺（数尺）下に鉄棒（タイバー）を挿入したというのが筆者の解釈である。

　では，議場の梁間を62.28尺（18.87m），屋根の傾斜を6.3寸勾配として復元を試みるが，一つ留意すべき点がある。それは議場の梁間とその上に架かる小屋組の梁間が一致していないことである。議場の梁間はひな壇を含んで算出したものであるのに対して，小屋組の方は議場桁行方向の議長席の左右に並ぶ柱までを梁間としているからである。そこで小屋組の梁間を平面図（図5）のスケール表示から求めると，約53.5尺（約16.2m）となる。

このような前提で，第一次仮議事堂（参照，第2章図15）に倣って図20に記した部材②の上に新たに部材（斜柱）を追加する。その斜柱を部材①と同じ角度で延長して合掌との接点に母屋を置く。結果的に合掌は2ヵ所の母屋で支持され，母屋間は約3.0～3.5mとなり，ドイツ小屋の条件である4.5m以下に収まる。

次に棟束ならびにその束を受ける梁が必要である。その場合，採光を妨げないように，外観妻側の窓（図22）と小屋組の構成部材との取り合わせを考えなければならない。棟木近くの母屋の下端に二つ割りの帯梁を配して，合掌ならびに棟束を挟んでみると，妻側上部の窓楣（まぐさ）の位置にこの帯梁が入り，採光に影響しないことがわかった。また側壁から出る斜柱を水平方向で挟む控梁は，妻側下方の3連窓の楣とほぼ同じ位置に来る。

ところで，ガラス天井はタイバーに接合する計9本の鉄棒で支持されているが，そのままではタイバーは下にたわむ。図20にはこのタイバーをほぼ3等分する2ヵ所に接合金具（図中の矢印）が見えるので，この2ヵ所で上からタイバーを吊っていたと考えられる。以上の考察に基づいて作図したのが図23である。

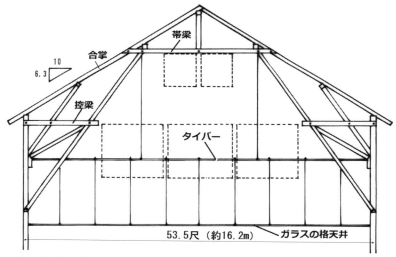

図23　第二次仮議事堂・議場小屋組の架構図：破線で囲んだところは窓

次に議場の高さを求めてみる。先に第二次仮議事堂議場の高さ，幅，そして長さ（梁間）の比を，1：2.98：2.25と紹介した。この比率によれば議場床からの天井高は約8.4mとなる。この天井高を図20の貴族院議場の断面図に当て嵌めてみると，議場のガラス天井面から勾配床までの高さは最大約11.2m，最小約9.4mである。いずれの数値も厳密には天井高約8.4mと一致しない。議場の高さに対する幅と奥行の比率については，第7章にて改めて検証する。

なお，小屋組の間隔は平面図の柱配置から議場桁行（82.20尺）を7分割して，11.74尺（3.56m）となる。

因みに，『復元と構想　歴史から未来へ』に掲載の第一次仮議事堂の貴族院本会議場正面展開図では，議場の床から曲面天井の頂部までの高さは約17.4m（床から曲面天井の迫元までの高さは約15.4m）である[31]。第二次の天井高は音響ならびに照明への配慮から，第一次に比べてかなり低く抑えられていたのである。

結　語

　以上の考察を通じて，第二次仮議事堂については次のようにまとめることが出来る。

・第二次仮議事堂の設計者名は文献によって異なるが，内務技師吉井茂則，ドイツ人建築技官オットカー・チーツェ以外に，妻木頼黄が参画していた可能性が十分にある。

・第二次仮議事堂においては，第一次が竣工後2ヵ月足らずで焼失したため，議事堂としての実績を多く積むことなく再建計画を進めざるを得なかったが，中でも防火壁の設置は，この教訓を踏まえた優先事項であった。

・第二次仮議事堂の小屋組を，第一次と同じドイツ小屋の技法で復元することができた。小屋組がそのまま継承されたのは，双方ともドイツ人建築家が関与し，同一規模で経験済みであったこと，採光用に小屋裏が広く取れたことが理由となろう。

・竣工した第一次仮議事堂には中央部に塔はなかったが，その設計段階では塔の設置は予定されていた。第二次仮議事堂においてそれが現実のものとなった。

・第二次仮議事堂の正面側に突出する計5つの屋根と塔屋，3つの玄関口の上部を飾る切妻破風と張り出した車寄せ，適度に修飾された妻側は，第一次仮議事堂にはない華やぎと変化を建物に与えている。また真壁造りの壁面に配された構造軸組を兼ねた斜材は，白漆喰の壁によく映えたことであろう。

・第二次仮議事堂は第一次より規模を大きくしたが，議事堂空間の基幹をなす八角形の玄関ホール，その左右の横長のホール，さらにその先に控える議場の位置と規模は同一であり，2階奥の便殿の位置，議席を扇形に並べ，議席に対面して段差のあるひな壇を設ける形式も不変である。

・第二次仮議事堂は大正14（1925）年9月の修繕工事中の失火で焼失しなければ，第三次仮議事堂は必要なく，昭和11（1936）年竣工の現国会議事堂まで使用されたであろう。それだけ議事堂としての需要に応えてきたと言える。そこでは，第一次の曲面天井から音響と照明を配慮したガラスの格天井への転換と天井高の低減，必要諸室の拡大，議席の床勾配を大きくすることによる視界の改善など様々な展開がなされていた。

・第二次仮議事堂の修繕工事は3年度にわたり，その工事範囲は本館背後の建物では建坪の5分の1，本館では10分の7に及んだ。それだけ大規模な工事を行ったのは，国会議事堂の竣工が昭和11（1936）年まで延び，第二次を延命させる必要があったからだ。

註

1） 先行研究に，山崎鯛介：「第二回仮議事堂の建物の特徴」日本建築学会大会学術講演梗概集，1999.7, pp.411-412 第二次仮議事堂を意匠，間取り，音響の観点から分析し，第一次仮議事堂との比較を行っているが，紙数の関係から十分な考察に至っていない。

2） 営繕管財局編纂：『帝国議会議事堂建築報告書』，昭和13年，p.3

3） 『大蔵省臨時建築部年報 第一』，大蔵省臨時建築部発行，1909/『大蔵省臨時建築部年報 第二』，大蔵省臨時建築部発行，1910

4） 『大蔵省臨時建築部年報 第一』（前掲書），p.201

5） 『大蔵省臨時建築部年報 第二』（前掲書），p.134

6） 衆議院参議院編集：『目で見る議会政治百年史：議会制度百年史 別冊』（大蔵省印刷局，1990)によれば，図8のキャプションには「明治37・3 イラストレイテッド・ロンドン・ニュース」とある。

7） 「議事堂修築工事完成」（「東京朝日新聞」1907年12月21日付）

8） 大熊喜邦：『世界の議事堂』，洪洋社，1918, p.61

9） 『大蔵省臨時建築部年報 第二』（前掲書），pp.590-591

10） 『帝国議会議事堂建築報告書』（前掲書），p.2

11） 堀内正昭：『ブックレット近代文化研究叢書10 初代国会仮議事堂を復元する』，昭和女子大学 近代文化研究所発行，2014, pp.18-22

12） 堀内正昭：「来日ドイツ人建築技官オットカー・チーツェの経歴と建築作品」，日本建築学会大会学術講演梗概集 （九州），2007.8, pp.397-398

13） 「新築議事堂」（「東京日日新聞」：1891年2月17日付）

14） 『世界の議事堂』（前掲書），p.90

15） 大熊喜邦については，博物館明治村編集：『明治建築をつくった人々 その二』，名古屋鉄道発行，1986, p.43

16） 妻木頼黄の経歴については以下の文献を参照。博物館明治村編集：『明治建築をつくった人々 その四 妻木頼黄と臨時建築局：国会議事堂への系譜』，名古屋鉄道，1990 長谷川堯：『日本の建築［明治大正昭和］4 議事堂への系譜』，三省堂，1981, pp.113-184

17） 『初代国会仮議事堂を復元する』（前掲書），pp.58-65

18） 「両議院新旧構造の比較」，（「東京朝日新聞」，1891年10月22日付）

19） 仮議事堂本館の建坪は文献によって様々である。ここでは『世界の議事堂』（前掲書，p.13, p.90）を参照。

20） 「新築議事堂と旧議事堂の差異」，（「読売新聞」，1891年8月23日付）

21） 『東京電燈株式会社開業五十年史』，編集発行 東京電燈，1936, p.39

22） 大林組編著：『復元と構想 歴史から未来へ』，東京書籍，1986, pp.132-141

23） 「議事堂の音声」（「東京朝日新聞」，1890年12月12日付）

24）「議会仮議事堂」（「東京朝日新聞」, 1890年3月9日付）なお,『世界の議事堂』（前掲書, p.68）
　　には, 第二次仮議事堂の傍聴席は, 貴族院565人, 衆議院718人との記載がある。

25）「議会議事堂建築の模様」,（「東京朝日新聞」, 1891年5月7日付）

26）「国会仮議事堂」（「東京日日新聞」, 1889年4月25日付）

27）『世界の議事堂』（前掲書）, p.33　なお同書では, 議場の幅83.3尺, 奥行63.0尺, 面積141.7坪
　　とする（p.30）。この面積は平面図に記載された数字と異なり, この幅と奥行で再計算する
　　と議場は145.78坪となる。一致しないため, 本章では, 幅と奥行の比率を優先して142.205坪
　　になる数値を用いる。

28）ドイツ小屋について詳しくは以下の文献を参照。堀内正昭：「ドイツの母屋組屋根から見た
　　わが国のドイツ小屋に関する研究」, 日本建築学会計画系論文集　第542号, 2001.4, pp.221-
　　227

29）註20）に同じ

30）「議事堂工事の模様」（「東京朝日新聞」, 1891年8月19日付）

31）註22）に同じ, p.140

図版出典

図1　地図資料編纂会編集：『日本近代都市変遷地図集成　5千分1　江戸－東京市街地図集成
Ⅱ 1887-1959』, 柏書房, 1990

図5, 6, 11, 14, 15, 17　衆議院憲政記念館所蔵（資料名 帝国議会議事堂之図）

図3『帝国議会仮議事堂建築記念』（非売品）, 光明社, 1925

図4, 7, 12, 13, 19～21　『世界の議事堂』（前掲書）

図8, 9　『目で見る議会政治百年史』（前掲書）

図2, 10, 16, 18, 22　『帝国議会議事堂建築報告書』（前掲書）

図23　筆者作図

第4章　広島臨時仮議事堂

　明治27（1894）年10月，妻木頼黄（1859～1916）の設計により広島臨時仮議事堂（以下，広島仮議事堂）が建てられた。その建設理由は，日清戦争の勃発で同年8月に大本営が広島に移り，当地にて臨時帝国議会を召集するためであった。つまり，広島仮議事堂は東京に第二次仮議事堂が存在していた時代に，臨時に建てられたのであった。

　広島仮議事堂については，第7回帝国議会を開催する仮設の建物であったこと，4年後に取り壊されたことから，これまで建築史の分野では十分な研究はなされてこなかった[1]。

　同仮議事堂建設に際して，妻木頼黄に与えられた工期は設計から職工の手配を含めてわずか20日間であった。そのため，通常とは異なった計画ならびに構法を用いて完成させた可能性も考えなくてはならないだろう。

　そこで，本章では，まず広島仮議事堂における平面計画を検討する。次に，設計上の配慮が必要であった規模の大きな議場を取り上げ，関連資料からその小屋組の架構復元図を作成することを目的とする。

4－1　広島仮議事堂関連の資料

　妻木頼黄は，わが国の明治期において長らく営繕に属した代表的な建設官僚である。妻木の経歴については，第3章（3－4）を参照されたい。

　広島仮議事堂関連の資料として，建物の竣工後に，妻木頼黄が造家学会（現日本建築学会）と工学会において行った講演録が残っている[2]。また，日本建築学会に寄贈された妻木頼黄関連資料の中に工事記録があり[3]，その一部である「廣島假議院　建築書類　為記念　保存ス」と表記された一綴りの便箋には，広島仮議事堂のラフスケッチが含まれている。そのほか，外観ならびに議場内の写真が数点確認できる[4]。このうち造家学会での講演録から，妻木の行動を簡単にまとめてみる。

　帝国議会召集の詔書が発布された明治27（1894）年9月22日，妻木頼黄は内務省より呼び出され，部下とともに急ぎ広島に行くことを命じられる。同日午後，妻木一行は新橋を立ち，途中静岡で下車している。妻木は静岡にて臨時議会開催のことを知ったと述懐しているので，出立前から仮議事堂の設計を始めていたわけではなかった。妻木らはさらに神戸で乗り換え，広島に9月25日に到着する。妻木は，翌26日には仮議事堂の設計を仕上げ，設計図と工事見積書を政府に提出している。敷地は，大本営が置かれた広島城の南にあった西練兵場の一画が当てられ（現在の広島市中区基町9－33．図1，2），予算が裁可された9月30日に着工し，議会開催前日の10月14日に完了させている。なお，現地には「臨時帝国議会仮議事堂跡」の碑が設置されている[5]。

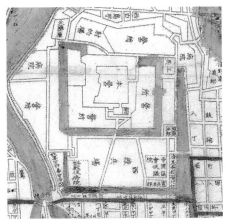

図1　広島仮議事堂跡（古地図）

図2　かつて広島仮議事堂の立っていた場所（中央の7階建てビル）中国電力基町ビルの敷地で，その西側（左手）に道路を挟んで広島県庁舎が立つ。現地には「臨時帝国議会仮議事堂跡」の碑が設置されている。

4－2　広島仮議事堂の概要

　広島仮議事堂は木造平屋で，正面中央に車寄せのある玄関部を張り出させ，その左右に大きな切妻造りの板葺き屋根を持つ議場を配している。双方の議場回りには下屋が付く。外壁についてはこの下屋部分が下見板張り，妻面は竪羽目板で，斜め方向あるいは×型に組んだ構造軸組を意匠化したと思われる木組を露わにしている（図3）。

　仮議事堂本館の坪数は718坪余（約2373.6㎡）で，両議場の入る中央部の間口は198尺（約60.0m），奥行は108尺（約32.7m）である[6]。

図3　広島仮議事堂の外観

　間取りについては，議員休憩所を両側に配した玄関から廊下（中央通路）が真っ直ぐに伸び，この廊下に沿って議長室，書記官長室，事務室があり，採光用に4つの中庭が設けられている（図4）。この中央通路の突き当たりに便殿，供奉室，大臣控所がある。正面向かって右が貴族院，左が衆議院の議場であり，貴族院側に玉座がある。また各議場の後方に傍聴席がつくられている。なお，同平面図の右下に，「計画及監督者 妻木頼黄 工事掛 大迫直助 沼尻政太朗 湯川甲三」と記載されている。

　先に妻木頼黄資料の中に，広島仮議事堂のスケッチがあることに触れた（図5）。スケッチの中央に描かれた横長の長方形の玄関側（下）とその反対側に張り出しがあり，

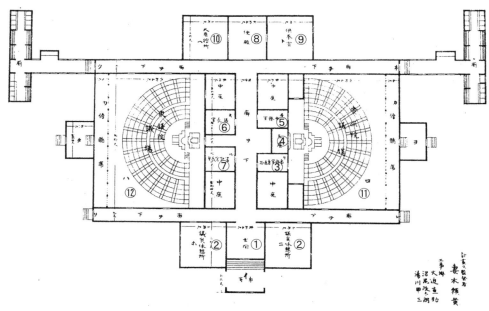

図4　広島仮議事堂・平面図（番号 筆者補）
　　　①玄関　②議員休憩所　③事務室兼通路　④玉座　⑤事務室　⑥議長室　⑦書記官長室
　　　⑧便殿　⑨供奉室　⑩大臣控所　⑪貴族院議場　⑫衆議院議場

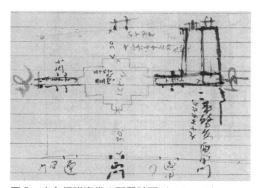

図5　広島仮議事堂の配置計画（スケッチ）

さらに玄関側に車寄せが付く。この中央棟の左右に廊下が伸び，向かって右手に議場棟が設けられる。反対側の議場の書き込みは省略したのであろう。議場棟の中央に縦線が入り，大きな切妻造りの屋根が想定されている。議場棟と中央棟はほぼ同じ大きさを持っているので，議場以外の諸室を中央棟に収容する計画だったと見てよいであろう。このように同スケッチは，中央棟と両議場の計3棟を廊下で繋ごうとした案であったことがわかる。

　同スケッチと実施された平面図（図4）を比較すると，スケッチにみる中央棟の輪郭は，実施平面図全体の形とほぼ同じであることがわかる。つまり，実施に際して妻木は，分棟型ではなく，中央棟に厠以外のすべての部屋を集約する計画に作り直したといえる。このスケッチは，広島着後のものなのか，広島に向かう途中で描いたのか

は不明であるが，いずれにせよ，妻木がどのような議事堂のイメージを持っていたのかが推察できる興味深い資料である。

　ところで，広島仮議事堂建設当時に存在していた第二次仮議事堂について，妻木頼黄は次のように言及している。

> 議場は東京仮議院の通り殆んど同一の拵へで，床高は地盤より最高部を三尺五寸，最低部を五寸にし，議席を段々に造り，最高後部の床高を国務大臣政府委員席の床と同一になし，議員席は半円径階段形八段に造りました。然るに傍聴席が御座りませぬから，議員席後口を木柵を以て囲ひ傍聴席に充て，議長席及演壇等其他総て東京仮議院の通り拵へました[7]

　妻木は室内の造作について言及しているだけであるが，例えば，広島仮議事堂の外観に見られる板張りならびに交差して入る木組の構法は，第二次仮議事堂と類似している（図6）。

図6　第二次仮議事堂「国会議事堂へ御臨幸の図」（部分，明治30年12月28日印刷）

　第二次仮議事堂には，正面中央の玄関口を入ると八角形の吹抜けのホールがあり，その両側に大きな廊下がつく（参照：第3章図5）。建物の左右にそれぞれ衆議院と貴族院の議場があり，議場の奥に，議長室，書記官長室などを配している。玄関とホールの軸上の奥まったところに両院協議室が，その上の2階奥に便殿，大臣室等がある。

　それに対して，広島仮議事堂は平屋なので第二次仮議事堂とは異なるが，主な諸室を比較してみると，大臣室25坪（10.9坪），便殿20.8坪（25.7坪），供奉室25坪（13.3坪），議場157.5坪（142.2坪），議長室9.4坪（20.1坪），書記官長室9.4坪（13.7坪），玉座5.5坪（5.3坪），議員室25坪（25.5〜26.9坪）となる（括弧内の坪数は第二次仮議事堂のもの）。

　第二次仮議事堂に比べて広島仮議事堂の議員室は大幅に減っているが，議場そのものは広島仮議事堂の方が大きい。第二次仮議事堂では議長室と書記官長室は，両議場の外側に配されているが，広島仮議事堂では，これらは建物の中央に集められている。議場内の造作については，双方とも議場の半円形に置かれた議員席ならびに壇上の大

臣席等の配列は同じであるが，広島仮議事堂ではその向きを反転させている。ただ，第二次仮議事堂の2階中央奥にある便殿・大臣室等は，広島仮議事堂でも中央奥にあり，その配置は同じである。

　広島仮議事堂では，玄関とその両脇の議員休憩所は，車寄せの張り出し部分を除けば，奥にある便殿，供奉室，大臣控室と同一の部屋割りがなされている。また中央通路の幅は14尺であるが，両議場を取り巻く廊下ならびに傍聴席はともに幅9尺である。このように，広島仮議事堂の平面計画は，さまざまな大きさを持つ諸室の組み合わせではなく，コンパクトにまとめられていたことがわかる。

　なお，広島仮議事堂は，以下のような変遷をたどって4年後に取り壊された[8]。
・明治27（1894）年10月15日の召集から同22日の閉院式まで帝国議会の議場
・同11月2日，征清陸海軍戦捷大祝宴会場
・同11月16日から翌28年6月3日まで，広島陸軍予備病院第四分院
・明治28年7月7日から留守第五師団司令部庁舎
・同月10日から第五師団司令部庁舎
・明治29（1896）年12月2日から翌30年8月3日まで，歩兵第四十二連隊兵舎
・同9月1日から翌31年4月24日まで，広島陸軍地方幼年学校仮校舎
・明治31（1898）年12月2日から解体工事

4－3　短期間で完成させるための設計方針

　先に，妻木頼黄が造家学会（現日本建築学会）と工学会において行った講演録について触れた。これらの講演内容は類似しているが，構法については造家学会での講演録が詳しい。以下造家学会での講演録を参照して，広島仮議事堂の小屋組について分析を行っていくが，その前に，妻木がこの短期決戦に臨んで立てた設計施工の方針を講演録から抜粋する。

　まず，地業ならびに基礎工事を省いている。それは工期の短縮を意味する。妻木は「掘立造りでありますが（略）私の見込みでは三四年は此儘で保つだらうと思ひます，併ながら大体一週間長くて二週間の積りでありましたから充分な構造のものではありませぬ」[9]と述懐する。

　次に，規模の大きな議場をつくるための木材（末口6寸，長さ4間）が十分に確保できなかった。そこで「其当時逓信省へ納め残りの電信柱が市内にあると云ふことで（略）早速買入れ使用致しました」[10]といった木材の調達の工夫についても語っている。

　また，議場内の天井は半ば露出しているが，それは天井を張ると「下から足場を掛けなくてはどうしてもなりませぬから，さうすると下の工事も遅くなるし足場のある中は下の工事が一時に出来ないから，夫故陸梁の上を足場にして折上げ天井を張つた」[11]のだという。

　さらに，室内の壁面は布で覆うことになり，紺と白の布地で横縞模様をつけている。

布の使用は室内仕上げの簡素化となるが，妻木は「今度開かれる議会は戦地に開かれる陣屋会議と同様のものであると云ふことですから，私は陣屋幕を張るが適当と考へ且音響の為めにも宜からうと存じ，間内は紺及白布を以て一段置に張ることに致しました」[12]という。

　なお，木材の加工仕口の手間を省くためであろう，例えば柱と梁は「大柄にして這入つて居ります，(略) 陸梁はボールトで締めてあります」[13]とし，仕口継手を簡素化し，金具を多用している。

4－4　議場小屋組に関する記述

　以下，同じく造家学会での講演録の中から広島仮議事堂の小屋組に関する記述を，少々長くなるがそのまま引用する（下線筆者）。

　　　陸梁は八寸に五寸で二本継ぎになつて居ります。合掌は五寸に四寸，母屋三寸に五寸，棰木二寸角，左右束四寸五分に四寸，真束の根元より左右束へ懸けました方杖は六寸に四寸，其他の方杖は四寸角で御座ります。二重梁は七寸に五寸，俗に云ふブツ、ブシの構造に致しました。併しながら，小屋の重量が柱を押出しはせぬかと存しまじたから，図面に示す如く挟束を筋違に入れ，陸梁受柱と二重梁とを悉くボールトを以て締束致しました。幸ひに広島には鍛冶屋か沢山御座りましたが，急の仕事故間に合ひ兼ねはせぬかと気遣ひました所が，存外早く鉄物は出来まして，大いに仕合せを致しました。桁行には震れ止め挟梁六寸に二寸五分及び四寸に一寸のものを二重に入れ，切妻てございますから，各小屋を妻から妻まて右挟梁を以つて堅固に締合せしめ，又桁行には各々小屋毎に方杖を用ひ，震れ止め及び大母屋受に代用せしめ，又真束は抱束に致し小屋中央重量を釣上げ，尚合掌頭の踏上げを防ぐ為め，双方より合掌峠及陸梁中央を挟み，鉄棒頭を使用し締堅め，尚堅牢ならしめんが為め仕口毎に鉄物を使用致しました。屋根は総て柿葺と致しましたが，両院議場の屋根は降雨の節若し議事を妨ぐる様の事が出来はせぬかと推考致し（略）二重に苫を葺くことに致しました（略）柿葺押縁の間に針金を通し，其針金にて苫と柿葺とを結ひ付ました（略）天井は折上げ造りにし，総て布を以て張り詰め，桁行は竹を以て格天井形に拵らへ，二重梁及合掌下端の所は紺色金巾を張付ました[14]

以上の記述を，部材を中心に書き出して整理してみる（括弧内は部材断面寸法）。

1．陸梁（8寸×5寸），2本継ぎ
2．合掌（5寸×4寸）
3．母屋（3寸×5寸）
4．棰木（2寸角）（以下，垂木と表示）
5．左右の束（4寸5分×4寸）
6．真束から左右の束へ架けた方杖（6寸×4寸）
7．その他の方杖（4寸角）

8．二重梁（7寸×5寸），ブツヽブシの構造

9．挟束を筋違に入れ，陸梁受柱と二重梁とをボールトで締める（以下，ボルトと表示）。

10．桁行に震れ止め（以下，振れ止めと表示）用に挟梁（6寸×2寸5分及び4寸×1寸）を2重に入れる。

11．桁行に小屋毎に方杖を用い，振れ止め及び大母屋受に代用する。

12．真束は抱束にする。

13．合掌頭の踏上げを防ぐため，双方より合掌峠及び陸梁中央で挟み，鉄棒頭を使用して締める。

14．仕口毎に鉄物を使用する。

15．屋根は柿葺で苫を葺く。

16．天井は折上げ造りにし，桁行に竹を配して布を張る。

　このうち，引用文中に下線を引いた「ブツヽブシの構造」[15] の意味は不明で，妻木が講演に使用した図面はこの講演録に掲載されていなかった。以下，1から16まで番号で整理した箇所について適宜解説を施す。

　衆議院議場内の写真から（図7），両側壁（柱）に陸梁が架かり，陸梁の継手は「台

図7　広島仮議事堂・貴族院議場

図8 広島仮議事堂・衆議院議場小屋組
陸梁部分を拡大（書込み 筆者補）

持ち継ぎ」であることが確認できる（図8）。この陸梁と合掌で切妻造りの三角形が作られ，中程に二重梁が渡される。二重梁と陸梁の中央に縦に入る真束（寸法未記入）は，両部材をそれぞれ双方から板で挟んでボルト締めしている。この真束と陸梁の接合点から斜め方向に方杖が出ている。

また，二重梁の両端は陸梁上の束で支持されるとともに，番号9から，挟束（寸法未記入）が側壁の柱，陸梁，そして二重梁を両側から挟みボルト締めしていることがわかる。ただし写真では，この挟束が二重梁を挟んでいる箇所は他の部材で隠れている。なお，両側の束から合掌方向に方杖が出ている。

番号12では「真束は抱束にする」というが，抱束とは何か。専門の辞典に当たったがこの用語を見出すことが出来なかった。ただ，近い用語に「抱梁」があった[16]。その意味は「挟梁ニ同ジ」，「小屋束ナドヲ挟ミテ繋ギトナル木」で，今でいう合せ梁（挟み梁）のことである。また，抱梁の図解を，明治時代の小屋組を紹介する文献に見出すことができた[17]（図9）。このことから，抱束は「だきつか」あるいは「だきづか」と読み，それは挟束（挟み吊束）のこととしてよいであろう。確かに，写真の陸梁中央と二重梁を挟んで繋いでいるのは抱束である（図7）。

他方，桁行方向には，陸梁中央に挟梁が妻から反対の妻まで架け渡される。さらに，二重梁の上に竹を渡してその上に布を張り，天井のように見せている。以上の考察に基づき，部材ならびにその名称を記入したのが図10である。

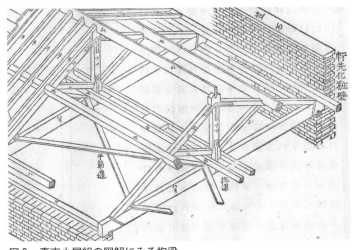

図9 真束小屋組の図解にみる抱梁

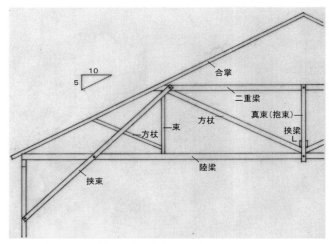

図10　広島仮議事堂議場小屋組の架構図

　しかし，二重梁から上は布張りのため小屋組は不明であり，母屋も写真では確認できない。また，番号10の挟梁（6寸×2寸5分及び4寸×1寸）を2重に入れるという2つ目の挟梁の設置場所については推察を必要とする。さらに番号11の大母屋という言葉も厳密には何を意味するのか不明であり，大母屋の桁行につく方杖についても場所はわからない。

　さらに番号13にある合掌頭，合掌峠は現在使われていない用語である。ただ文意から，合掌頭は二重梁と接する方だと判断できるので（合掌尻のこと），合掌峠は反対側の棟をつくる方となる。そのため，抱束が合掌峠と陸梁中央を挟み，金具で締めていると解釈できるが，二重梁より上は確認できないためさらなる検討を要する。番号14の鉄物は，例えば写真では束と陸梁の仕口に見られる。

　なお，妻木頼黄は小屋組を構成する様々な部材を上げているが，「棟木」という用語を使っていないことにここで留意しておきたい。

4－5　トラス小屋組か母屋組か

　わが国の木造伝統構法である和小屋とは異なる洋小屋には，真束小屋組，対束小屋組に代表されるトラス小屋組があり，これらは合掌，陸梁，真束等で小屋組の三角形を構成し，合掌の上に母屋を置く。これに対して，「ドイツ小屋」と称された小屋組は母屋組（棟木，母屋，敷桁で合掌を支持する小屋組）を基本とする[18]。なお，ドイツ小屋については，第2章（2－2）を参照されたい。

　広島仮議事堂の場合は，写真では合掌と二重梁が母屋とどのような接合関係にあるのかがわからないため，小屋組の基本型が決まらない。そこで妻木が採用した小屋組を，複数の視点から検討してみる。まず，二重梁の存在から対束小屋組の可能性を探ってみる。ここに典型的な対束小屋組を紹介する（図11）。同図では二重梁の両端は対

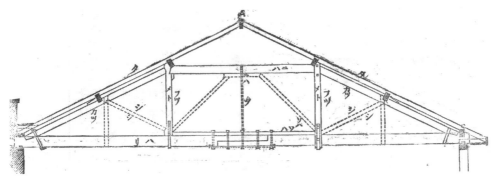

図11　対束小屋組の図解

束に接合している。この関係を広島仮議事堂小屋組に当てはめると，二重梁の断面7寸×5寸に対して，対束（仮議事堂では束と表記）のそれは4寸×4.5寸で，両者は断面に差がありうまく接合できない。そこで対束小屋組の可能性を一度捨て，部材を双方から挟みこんで接合している点とボルト締めを多用していることから，ドイツ小屋の技法で造れないかを検討する。

　第2章と第3章で詳述したように，第一次仮議事堂の小屋組はドイツ小屋で，エンデ＆ベックマン建築事務所のアドルフ・シュテークミュラーと吉井茂則が，第二次仮議事堂は，同じく吉井とドイツ人技師のオットカー・チーツェが担当した。同じ設計者が携わり，そこにドイツ人技師も参加していることから，第一次と同様に第二次についても，ドイツ小屋の技法を応用して復元を試みた。

4－6　ドイツ小屋技法による議場小屋組の復元

　では，ドイツ小屋の技法を広島仮議事堂の小屋組に当てはめてみる。議場の規模は，梁間63尺（＝19.1m），梁間90尺（＝27.3m）である。屋根の傾斜は，外観写真から採寸して5寸勾配とする（図12）。

　二重梁から上の不明な小屋組について参考になるのは，外観写真である（図3，12）。切妻面は上下に二分され，その位置は内部小屋組の二重梁と一致するように見える。とくに妻面の上半分には筋違が入っている。そこで，この筋違が小屋組の構法

図12　広島仮議事堂の外観

を意匠的に反映させたものと見なして，二重梁中央に真束が立ち，真束の下方に方杖が入るとした。そして，この真束と方杖の接点を桁行方向に入る2つ目の挟梁（振れ止め用）の位置とした。

先に4－4節にて整理した番号11の大母屋の意味については，規模の大きな小屋組にドイツ小屋の技法を用いるには棟木が不可欠なので，ここでは大母屋を棟木のことではないかと推察して，ドイツ小屋の技法に則って棟木の下に合せ梁を入れた。この合せ梁は真束と両合掌材を挟んでいる。なお，二重梁の上の真束から桁行方杖が出て，棟木を受けている。

垂木については，通常は小屋組と小屋組の間に入るが，広島仮議事堂の場合は，合掌の上に竹が置かれ，さらに合掌（5寸×4寸）と垂木（2寸角）の成が異なることから，屋根面を揃えることが難しい。そのため垂木は合掌と平行ではなく，直交するように置かれたと推察する。以上の考察に基づいて作図したのが図13である。

なお，小屋組は，議場内の写真から10ヵ所に架けていることが分かる。これは平面図（図4）では柱の位置に小屋組が架かっていることと符合する。桁行90尺（＝27.27m）なので，小屋組の設置間隔は2.48mとなる。

しかしながら，復元した広島仮議事堂の議場小屋組の部材は，ドイツ小屋に典型的な控梁，帯梁を使用していないので，そもそもドイツ小屋と呼ぶことはできないだろう。そして，なにより番号13の「合掌頭の踏上げを防ぐため，双方より合掌峠及び陸梁中央で挟み，鉄棒頭を使用して締める」をうまく説明できないのである。

さらに，小屋組は2.48mごとに置かれるので，この間隔で合掌の上に垂木が載ることになる。しかし，2寸角の垂木にはこの間隔は大きいという問題がある。

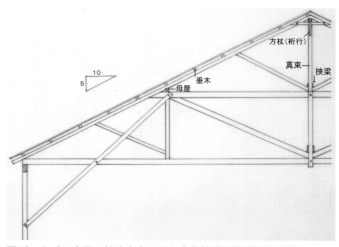

図13　ドイツ小屋の技法を応用した広島仮議事堂議場小屋組

4－7　広島仮議事堂議場小屋組の再考

　番号13については，議場内の写真（図7）のように，陸梁と二重梁のそれぞれ中央を抱束（吊束）が挟んでいる状態を，その上にある合掌（峠）にまで応用して，これら3点すべてを抱束が挟んでいると見なすと合理的に説明できる。したがって，議場小屋組は母屋組では造ることができないのである。そこで，図13の母屋を合掌の上に置き換え，母屋の上に垂木を直交させるという変更を行うことにした。

　番号11の桁行方杖は小屋組毎に入り，それは振れ止めとなり大母屋を受けるという。写真（図7）で見られる範囲には，このような桁行方杖を確認できないので，二重梁から上にあることになる。その小屋裏で桁行方杖が入るのは，棟木の一ヵ所である。したがって，大母屋は棟木を意味することとなり，棟木とその下の抱束の双方に接合するように方杖を設けた。

　最後に残るのは，合掌の上に置く母屋ならびに垂木の本数と間隔である。母屋の上に載る垂木が2寸角であること，柿葺きによる軽量な屋根であること，そして小屋組の方杖と束の位置を勘案して割付けると，母屋は鼻母屋を含めて計8本となる。母屋の間隔は約135cmである。垂木については，通常の軽量屋根の垂木間隔は約45cmが基準であるが，広島仮議事堂は臨時の仮設建物なので，小屋組間（248cm）に3本，すなわち垂木間隔を62cm（約2尺）とする。以上の考察を踏まえて修正したのが図14である。

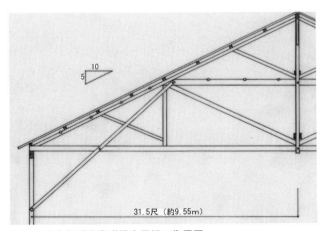

図14　広島仮議事堂議場小屋組の復元図

　ところで，妻木は造家学会での講演にて，次のような発言をしている。「成るべく広島市に有合の材料を使用し且つ広島職工に適する仕事にしてやりたいと云ふ精神で御座りました」[19]

　この場合の広島の職工に適する仕事とは，職工（大工）がすでに馴染んだ構法施工を用いることだと解釈でき，それは工期を遅らせられなかったという状況が背景にあることは言うまでもない。

　実は広島仮議事堂の近隣には，日清戦争のための広島陸軍予備病院が建てられた。

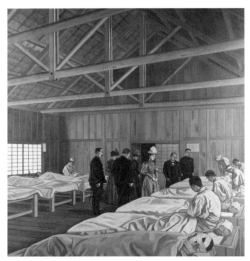

図15　広島陸軍予備病院（「広島予備病院行啓」
　　　　昭和4年，石井柏亭筆）

同予備病院は明治27（1894）年7月から患者を受け入れているので，仮議事堂の建設前にあったことになり，その病棟の写真や内部を克明に描いた絵が残っている（図15）。屋根は茅葺きで，病棟内には，丸太の陸梁が梁間に架かり，その両端から合掌が立ち上がっていることがわかる。合掌はその頂部で棟木を支え，陸梁と合掌頂部そして方杖は，抱束で両面から挟み込まれている。さらに小屋組の屋根面には縄で止められた竹が垂木代わりに入り，茅葺きであることまで描かれている。このように，広島陸軍予備病院の小屋組にはキングポストトラス（真束小屋組）を応用した技法が採用されていた。

　妻木はこの陸軍予備病院については何ら言及していないが，規模の大きく，また工期の極めて短い仮議事堂を，いささかの遅延も許されずに完成させなければならなかった責務を考えれば，職工たちが間近に見られた陸軍予備病院で用いられた構法を，仮議事堂に応用したのではないだろうか。とくに陸梁中央と合掌頂部を抱束が挟みこむ構法ならびに茅葺きの仕様は，仮議事堂のそれと一致する。

　一般に，わが国への洋小屋の導入については，日本人だけによる設計例の中では官庁営繕の建築に早くから正確な洋小屋が見出せ，明治8（1875）年から用いられたとされる。また大工層に洋小屋の知識が広まるのは明治30年代で，明治24（1891）年の濃尾地震が洋式の小屋組を普及させたという[20]。広島仮議事堂は官庁営繕の仕事であり，その時期はまさに大工たち職工に洋小屋が普及する過渡期であったことになる。

結　語

　妻木頼黄は，着工から完成まで15日間という短期決戦に，地業と基礎工事の省略，掘立て柱による組み立て，電信柱の調達，足場を設けない議場内の工事，仕口継手の簡素化，竹竿による布張り天井など，徹底して無駄を省いて臨んだ。妻木が広島仮議事堂において何を重要視していたのかを，当時存在していた第二次仮議事堂と比較することで，改めて考えてみたい。

　広島仮議事堂の平面図（図4）から，議員室はごく限られ，両院の議員用は2部屋（ここでは議員休憩所）のみで，議長室と書記官長室は両院で区別はなく1部屋ずつであったことがわかる。それは，広島仮議事堂を，一度だけの帝国議会開催のために短期間

で建てる必要があったため，最低限必要な諸室の確保を優先して計画されたからだと推察できる。それに対して，建物の中央奥に配された大臣控所・便殿・供奉室は，建物全体から見れば第二次仮議事堂のそれと遜色のないほどの大きさが確保されていたといえる。

　広島仮議事堂における議場内の配置は，第二次仮議事堂のそれと反転している。それは，第二次仮議事堂の議場2階にあった傍聴席を，広島仮議事堂では1階に含めなければならず，人の出入りを容易にするためであった。

　広島仮議事堂の議場の規模は，梁間63尺（約19.1m），桁行90尺（約27.3m）の157.5坪であった。第二次仮議事堂の議場は142.2坪だったので，広島仮議事堂の議場は1割ほど大きい。広島仮議事堂では議場内に傍聴席を取る必要から規模が大きくなり，当時の建物としては破格の大きさを持つことになった。それだけに，妻木は議場の小屋組に注意を払ったであろう。

　広島仮議事堂に用いられた小屋組には二重梁があるので，対束小屋組に似るが，小屋組中央に抱束（挟み吊束）があることで対束小屋組とは異なる。また，母屋組を前提とするドイツ小屋とはそもそも架構法が違うものであり，二重梁を渡したキングポストトラス（真束小屋組）を応用した技法が採用されたのだった。ただ，ボルト締めをはじめとした金具の多用，抱束，挟束が他の部材を挟んで小屋組の重要な構成部材になっていることは，部材の箇所は違うもののドイツ小屋における控梁や帯梁の働きと共通する。

　広島仮議事堂が建てられた明治27（1894）年は，わが国の大工が洋小屋技法を習得する過渡期に当たるとされる。このとき，妻木が第一次と第二次仮議事堂で使われたと推察できるドイツ小屋を採用しなかったのは，地元の大工が会得していたより馴染みのある構法を優先したからだと考えられる。

　以上の考察に基づいて，広島臨時仮議事堂の外観全体ならびに貴族院議場の復元模型を，それぞれ縮尺200分の1と縮尺50分の1で製作した（図16～18）。

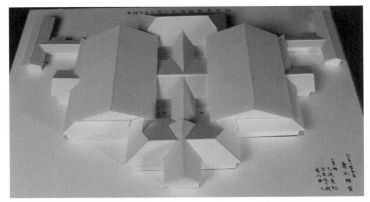

図16　広島臨時仮議事堂の外観全体模型（縮尺200分の1，平成25年 堀内正昭研究室製作）

図17　広島臨時仮議事堂貴族院議場の復元模型（縮尺50分の1，平成25年 堀内正昭研究室製作）

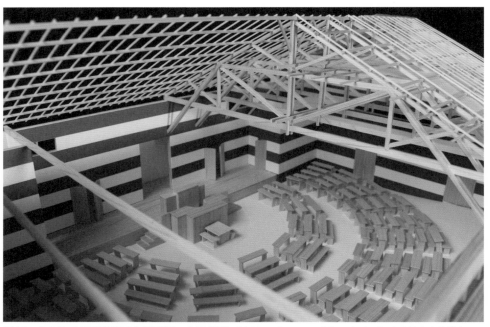

図18　広島臨時仮議事堂貴族院議場の復元模型（縮尺50分の1，平成25年 堀内正昭研究室製作）

註

1) 広島仮議事堂の概要は以下の文献が触れている。北原遼三郎：『明治の建築家　妻木頼黄の生涯』，現代書館，2002，pp.5-47；長谷川堯：『日本の建築［明治大正昭和］4 議事堂への系譜』，三省堂，1981，pp.145-149

本章は，筆者による以下の論文を再構成したものである。堀内正昭：「広島臨時仮議事堂（竣工1894年）における議場小屋組の構法について」（昭和女子大学学苑・環境デザイン学科紀要　No.873，2013.7，pp.32-42）；堀内正昭：「広島臨時仮議事堂の平面計画ならびに議場小屋組について」（日本建築学会編：『妻木頼黄の都市と建築』所収，2014，pp.76-97）

2) 妻木頼黄：「広島に於ける仮議事堂に就て」（「建築雑誌」107号，1895.11，pp.295-313）；妻木頼黄：「広島仮議院新築工事ニ就テ」（工学会誌　第174巻，1896.6，pp.268-287）　広島仮議事堂の準備から職工達の手配を含む完成までの顛末の講演録で，前者の文献には平面図1枚，貴族院ならびに衆議院議場内の写真が付く。

3) 日本建築学会への寄贈資料は以下の通りである。「廣島假議院建築書類　雑書綴」（明治27年9月），「廣島假議院建築書類　工事請負書類」（明治27年9月），「廣島假議院建築書類　職工人夫使役簿」（明治27年9月起），「廣島假議院建築書類　日誌」（明治27年9月），「廣島假議院建築書類　受負工費決定簿」（明治27年9月起），「廣島假議院建築書類　通附録」（明治27年10月起），「廣島假議院建築書類　公用文書綴込」（日付記載なし）　なお，いずれも臨時帝国議院建築事務所編となっている。

4) 広島仮議事堂の写真は，下記の文献ならびに所蔵先から，衆議院議場と貴族院議場内を撮影したもの各1枚，外観では正面側からを撮影したもの6枚が確認できた。広島市文化財団広島城編集：『企画展　日清戦争と広島城』［広島市市民局文化スポーツ部文化財課，2011（初版2009）］，博物館明治村編：『明治建築をつくった人々　その四　妻木頼黄と臨時建築局：国会議事堂への系譜』，名古屋鉄道，1990，衆議院憲政記念館

5) 仮議事堂跡の碑には以下の説明が添えられている。「明治27年（1894年）日清戦争のとき，宇品港が兵站基地となった関係もあって，明治天皇は広島に大本営を進められることとなった。広島城内の第五師団司令部の庁舎を行在所と定めて，同年9月15日ここにおうつりになった。それにともなって政府の高官や要職が来広した。その後，翌28年4月戦争が終結して，天皇が帰京されるまでの約7か月余，広島市は事実上日本の首都となった。この間，同年10月18日から7日間の会期で臨時帝国議会第七議会が広島に召集された。そのため貴族院，衆議院の仮議事堂がこのあたりに仮設された。」

6) 本館の坪数は次の文献による。営繕管財局編纂：『帝国議会議事堂建築報告書』，昭和13年，p.4　なお，広島県庁編：『広島臨戦地日誌』（明治32年）によると建坪は710坪5合である。本館の間口と奥行は，平面図（図4）の部屋ごとに記載された寸法から算出。

7) 妻木頼黄：「広島に於ける仮議事堂に就て」（前掲誌），p.306

8) 広島市文化財団広島城編集：『企画展　日清戦争と広島城』（前掲書），p.50

9) 妻木頼黄：「広島に於ける仮議事堂に就て」（前掲誌），p.312

10）同, p.305

11）同, p.311

12）同, p.306

13）同, p.312

14）同, pp.305-307

15）妻木の言う「ブツブシ」は,その文意から二重梁あるいは二重梁の架構の仕方を指す符丁だと思われるが,それ以上のことはわからないため,以下は憶測となる。本章図11の対束小屋組をご覧いただきたい。同図には略語で部材名称が記載されている。二重梁を受ける対束には「メト」とある。メトとは夫婦束（メオトヅカ,対束と同義）の略語で,その右側に「フツ」の記載が2ヵ所ある。この小屋組図解のカタカナ略語については,本文（滝大吉:『建築学講義録　巻之二』,註17参照。）に該当する部材名称が付記されているが,「フツ」についての言及はない。二重梁周辺の架構を「フツフツ」と呼び,それがブツブツと訛ったのかもしれない。それに続くブシは何かということになるが,推理はここまでとし,是非ともご教示を得たい。

16）中村達太郎:『日本建築辞彙』,丸善,1909（初版1906）,p.118,p.27

17）滝大吉:『建築学講義録　巻之二』,建築書院,1896,p.148

18）ドイツ小屋については,堀内正昭:「ドイツの母屋組屋根から見たわが国のドイツ小屋に関する研究」（日本建築学会計画系論文集 第542号,2001.4,pp.221-227）

19）妻木頼黄:「広島に於ける仮議事堂に就て」（前掲書）,p.297

20）石田潤一郎（山田幸一監修）:『物語ものの建築史　屋根のはなし』,鹿島出版会,1990,p.56

図版出典

図1,3：財団法人広島市文化財団広島城編集:『企画展　日清戦争と広島城』（前掲書）（図1は「広島市街明細址図」（明治27年発行　広島市公文書館蔵），図3は広島市立中央図書館蔵

図2　筆者撮影

図4：「建築雑誌」107号,1895.11

図5：日本建築学会図書館所蔵

図6：堀内正昭研究室所蔵

図7,8：衆議院参議院編集:『目で見る議会政治百年史:議会制度百年史 別冊』（大蔵省印刷局発行,1990）

図9,11：滝大吉:『建築学講義録　巻之二』（前掲書）

図10,13,14：筆者作図

図12：広島市市民局文化スポーツ部文化振興課蔵

図15：聖徳記念絵画館所蔵

図16〜18：衆議院憲政記念館所蔵

第5章　国会議事堂（本議事堂）の設計完了までの道程

　ここまで，第一次ならびに第二次仮議事堂，そして広島において帝国議会開催のために臨時に建設された建物を対象に，それぞれ意匠，平面計画，小屋組の考察を行ってきた。したがって，次に第三次仮議事堂を考察対象とすべきかもしれないが，本章では国会議事堂を取り上げる。それは国会議事堂が第三次の竣工（1925年）以前に設計を完了し，大正9（1920）年1月に地鎮祭を済ませていることと，通時的に扱うことで，国会議事堂と仮議事堂との影響関係の有無を明らかにするためである。以下，国会議事堂を簡略する場合には本議事堂と記載して，仮議事堂とは差別化する。

　本章では，本議事堂建設の発議に伴って設置された調査（委員）会において，とくに図面が確認できるものを取り上げ，その分析を通して国会議事堂の設計が完了するまでの変遷を明らかにする。なお，資料として本議事堂の図面を収録している『帝国議会議事堂建築報告書』[1]を使用する場合は，本文ではこれを『報告書』と略す。

5－1　本議事堂建設のための調査会・委員会の設置

　本議事堂建設のための組織は，明治19（1886）年2月に設置された内閣直属の「臨時建築局」を嚆矢とする。本議事堂については，「明治二十年四月閣議に於て，議事堂建築予定敷地は麹町区永田町一丁目に決定を見」[2]たのであるが，建設への着手は時期尚早であった。本議事堂に替わる第一次仮議事堂の建設後，その発議は明治30（1897）年までなされず，さらに，議案は断続的に審議されるという紆余曲折があり，ようやく大正7（1918）年に議了するに至った[3]。その辺りの経緯について，大熊喜邦は次のように記す（下線筆者）。

　　明治三十年に，どうも仮建築のまゝで置く訳にゆかぬといふ議が起つて，同年五月に議院建築計画調査会といふのが設けられ，引続いて三十二年の四月に議院建築調査会が置かれ，議院建築をどういふ規模によつてやつたらいゝかといふやうなことに就いて種々調査されたが，まだ時期が熟して居なかつたのでこの調査会は廃止され，暫く本建築の議は中止されて居つた。然るに明治四十三年になつて，議院建築準備委員会といふものが置かれた。議院の本建築を何時までも放つて置く訳にゆかぬといふので種々審議し，或は外国へ人を派して外国の議院を調査させ，同時に議院に将来使はれるところの石材や木材を全国的に調査する等，大分本格的に進行したのであるが，間もなくこれも財政の都合で見合わせになつた。その後，年々議会からは本建築を速かにしなければならぬと云ふ建議書が出された。そこで大正六年に至つて議院建築調査会といふものが置かれ，議院建築の規模，或は設計の方法といふやうなものが研究されて，その時の議会に予算が提出された。経費七百五十万円，十ヶ年継続事業として帝国議会の協賛を経たので，それによつて大正七年の六月に臨時議院建築局が置かれ，愈々本建築に取掛ることになつた。（略）大正七年九月

には議院設計図面の懸賞募集を発表し，同八年十月にその入選設計が決定した。そこで臨時議院建築局では，建築の設計に取掛つたのであるが，当選図面のまゝではどうも旨くゆかない。間取りも違ふし，色々な理由の下にすつかり図面を作り直して，愈々工事に着手する為に地鎮祭を行つたのが大正九年一月三十日であつた。[4]

　以上の経緯を補足して整理する[5]。
・明治30（1897）年 5 月，内務省に「議院建築計画調査会」
・明治32（1899）年 4 月，内務省に「議院建築調査会」
・明治43（1910）年 5 月，大蔵省に「議院建築準備委員会」
・大正 6 （1917）年 8 月，大蔵省に「議院建築調査会」
・大正 7 （1918）年 6 月，大蔵省に「臨時議院建築局」
・大正 7 （1918）年 9 月，「議院建築意匠設計懸賞募集」
・大正 8 （1919）年10月，入選案決定
　臨時議院建築局にて図面を作り直し（基本設計），さらに修正を加えて実施案作成
・大正 9 （1920）年 1 月30日，工事着工の地鎮祭

5 － 2　図面に見る国会議事堂像の変遷

　『報告書』において，本議事堂の提案を具体的に図面で確認できるのは明治43（1910）年の議院建築準備委員会からである。ただし，明治32（1899）年設置の議院建築調査会では，決議事項の一つに「議院内各室ノ配置ハ両院ノ希望ニ基キ，主査委員ニ於テ三図案（辰野，吉井，妻木各一案宛）ヲ調整セリ（図案省略）」とある[6]。残念ながら『報告書』に当該図面を見出せないが，「東京朝日新聞」に以下の関連記事がある（下線筆者）。

　　一昨日開会（1899年 7 月18日＝筆者注）せし議院建築調査主査会ハ辰野，吉井，妻木の三技師より各ゝ設計略図を提出し之を議題として協議したり右三案共に二階立の下に地階を設くること現在の司法省の如くする点に於てハ一致するも其建坪，間取等に至つてハ各ゝ趣きを異にし事務取扱上便利なるものハ却つて空気及び光線の工合悪しく又衛生上完全なるものハ事務上不便なる等の事情ありて一長一短あり他の主査委員等其採択に苦しみしを以て追て委員総会を開き決定すること、なし散会せりと尚現在の議院は其建坪三千坪なるが右三氏の案にてハ凡そ五千坪の設計にして又新聞記者詰所の如きも院内に設けありと云ふ[7]

　ここに登場する辰野（金吾），吉井（茂則），妻木（頼黄）の 3 者は議院建築調査会委員であり，当時の肩書は，それぞれ東京帝国大学工科大学教授，逓信技師，そして大蔵技師である。
　同記事から，明治32年の議院建築調査会において，辰野，吉井，そして妻木から提出された図面を基にした議論がなされたが，合意に至らず，この時点で議事堂の規模と平面計画は固まっていなかったことがわかる。文中に出てくる現在の議院とは第

二次仮議事堂のことで，正確な建坪は3267坪であり[8]，本議事堂として提出された今回の図面の建坪5000坪は，明治43（1910）年の議院建築準備委員会に継承される。なお，司法省は明治28（1895）年に竣工し，法務省旧本館として現存する。

　以下，議院建築準備委員会からなされた議事堂に係る審議事項を紹介するとともに，当該図面の分析を行っていくが，それに先立って，本章で扱う調査（委員）会で提示された本館ならびに主要諸室の規模等の一覧を，国会議事堂（建設時）のデータを併記して示す[9]（表－1）。

表－1　議事堂諸室の規模等の一覧

括弧内の数値は部屋数，傍聴席は席数，それ以外は坪数。貴族院・部室については，現国会議事堂に当該室がないため議員控室を当てる。＊の箇所。

本館・主要諸室	議院建築準備委員会（明治43年）	議院建築調査会（大正6年）		議院建築意匠設計懸賞募集規程（大正7年）	現国会議事堂（昭和11年）
		議案	決議		
議院本館建坪数	5000	—	3625	約3600	3750
同・延坪数	22500	—	10875	—	15780
議場（両院共）	202.5	209	209	210	225
便殿	30	32.5	32.5	35	29.25
皇室用室	（6）95	（6）111	（6）111	（7）約117	（7）92.938
貴族院・部室	（9）225	（9）260.875	（9）259.75	（9）270	（10）283.001＊
同・予算委員室	100	84	84	90	96
同・委員室	（15）378	（17）452.75	（16）444.325	（16）435	（17）415.26
衆議院・議員控室	（10）291	（14）390.5	（14）375.575	（14）357	（15）472.81
同・予算委員室	150	84	84	90	96
同・委員室	（19）532	（17）446.7	（19）492.825	（19）496	（13）323.77
政府委員室	（6）155	（6）110.55	（10）183.25	（10）約177	（11）201.885
両院協議室	35	51	51	50	32.4
総理大臣室	21	32.5	32.5	35	24.375
議長室（両院共）	16	36.25	12.7	35	17.292
議員食堂（両院共）	90	84	84	90	96
傍聴席（貴族院）	約700	726	726	725	770
傍聴席（衆議院）	1030	1213	1213	1215	922

5-3 議院建築準備委員会案（明治43年）

『報告書』には，議院建築準備委員会議案として計4枚の図面が掲載されている[10]。それらは，地下階，1階，2階，3階の各平面図である。本館の規模ならびに主要諸室の数と規模については，表-1を参照されたい。

地下階には，東正面に昇降口，その左右（南北）に貴衆両院の昇降口がそれぞれあり，反対側の西正面に皇室用の「御車寄」と「帝室玄関」が設けられている（図1）。同階の中央玄関の両側に設けられた階段室を経て1階に上がると，その奥に「大広堂」と名付けられた広間がある（図2）。大広堂は平面図の中央を占め，3階まで吹抜となる。その壁厚からここに巨大なドームあるいは塔を載せる計画であったことがわかる。因みに大広堂の大きさは，図面のスケール表示で読み取ると，一辺約24.7mである。西正面の帝室玄関を経て帝室大階段を上がると，1階の「便殿」，「皇族室」に至る。

他方，1階の東正面玄関側には，「総理大臣室」，「大臣室」等が設けられる。大広堂の左右には中庭の真ん中を横切る形で「議員休憩室」があり，貴衆両院の議場に通じる。そして両院議場には廊下を挟んで，それぞれ「議長室」，「書記官長室」等が配される。また，「議員食堂」が両院議場の西側奥にある。

同平面図で特徴的なことは，大広堂を中心軸にして主要諸室が配置されていることである。すなわち，総理大臣室—大広堂—便殿を結ぶ東西軸，議長室—議場—議員休憩室—大広堂—議員休憩室—議場—議長室を結ぶ南北軸の2つの軸が，大広堂を中心に建物諸室を貫通しているのである。貴衆両院の議場の2階にはそれぞれ「第一傍聴

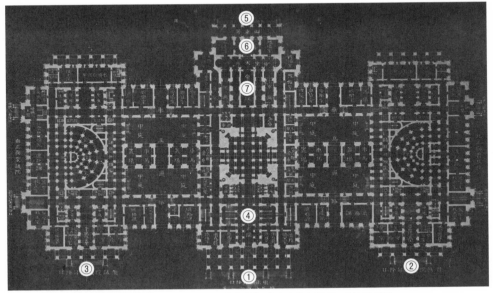

図1　議院建築準備委員会案・地下階（番号　筆者補）（図面は上が西，以下同じ）
　　①東正面昇降口　②貴族院昇降口　③衆議院昇降口　④中央玄関
　　⑤御車寄　⑥帝室玄関　⑦帝室大階段

階」（図3）が，3階には「第二傍聴階（公衆席）」が議場の上を巡る。それ以外の諸室は主として委員室が占める。

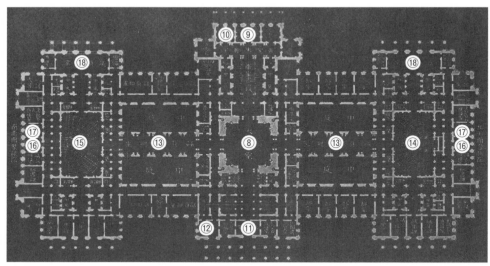

図2　同・1階（番号 筆者補）
　　　⑧大広堂　⑨便殿　⑩皇族室　⑪総理大臣室　⑫大臣室　⑬議員休憩室
　　　⑭貴族院議場　⑮衆議院議場　⑯議長室　⑰書記官長室　⑱議員食堂

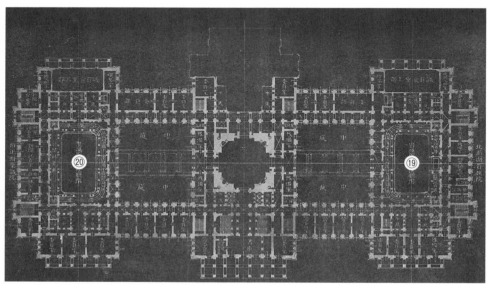

図3　同・2階（番号 筆者補）　⑲貴族院第一傍聴階　⑳衆議院第一傍聴階

本委員会における図面担当者に関して，大熊喜邦は以下のように記す。

四十三年五月大蔵省に議院建築準備委員会の設置となつて，茲に更に本議事堂建築問題が議せらるヽことヽなつた。この委員会に於ける原案は，大蔵省臨時建築部で作成するので時の建築部長妻木博士の命を承け，矢橋賢吉，小林金平，大熊喜邦の三技師が主としてこれを担当し武田五一，福原俊丸両氏が参画した（略）[11]

文中の人物の当時の肩書は，矢橋賢吉は大蔵省臨時建築部第一課長，小林金平は同技師，大熊喜邦は大蔵省臨時建築部技師，福原俊丸は同技師（第一課勤務），そして，武田五一は京都高等工芸学校教授（現京都工芸繊維大学）で，武田は明治41（1908）年から大蔵省臨時建築部技師を兼任している。

5－4 議院建築調査会議案と同決議案（大正6年）

議院建築調査会については，議案ならびに決議においてそれぞれ提出された図面が確認できる[12]。

まず，議案の方は配置略図，半地階平面図，1階そして2階平面図の4点である。半地階の東面左右両側に，貴衆両院の車寄せと玄関がそれぞれ設けられる（図4）。東正面の中央に位置する1階の「帝室玄関」には，外階段ならびにスロープが付く（図5）。この「帝室玄関」の先に吹抜の「広間」があり，ここから奥に一直線上に帝室階段が続き，2階の「便殿」，「皇族室」等へ導く（図6）。また，1階の広間を迂回しながら奥へ進むと「総理大臣室」，「大臣室」等があり，これらは2階の皇族用諸室の直下に配されることになる。なお，同案の南北の西寄りに，建物とは別に4分の1円状の廊下で繋がる「書庫」がある。

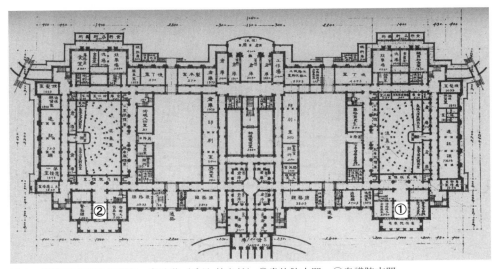

図4 議院建築調査会議案・半地階（番号 筆者補）①貴族院玄関 ②衆議院玄関

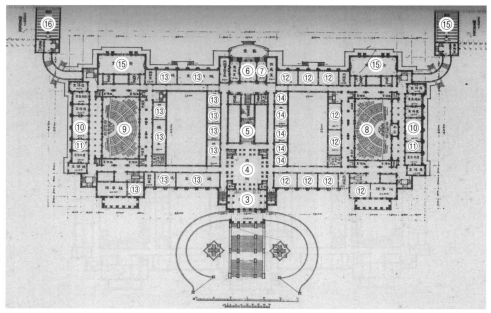

図5　同・1階（番号 筆者補）
③帝室玄関　④広間　⑤帝室階段　⑥総理大臣室　⑦大臣室　⑧貴族院議場　⑨衆議院議場
⑩議長室　⑪書記官長室　⑫部室　⑬議員控室　⑭政府委員室　⑮食堂　⑯書庫

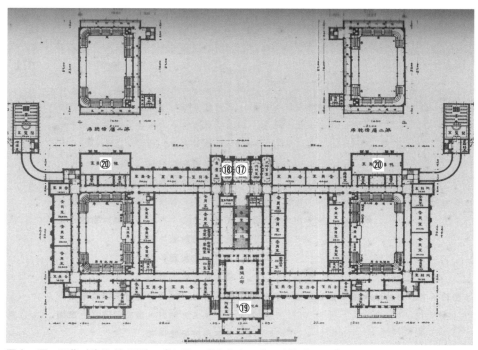

図6　同・2階（番号 筆者補）　⑰便殿　⑱皇族室　⑲両院協議室　⑳予算委員室

このように同案には，帝室玄関（その真上は両院協議室）―広間―総理大臣室（その真上は便殿）という東西軸が存在する。他方，広間は玄関寄りに置かれたために，先の議院建築準備委員会議案のように中庭を横切って議場に続く議員休憩室はなく，広間から議場中央を貫く南北軸は存在しない。ただし，両院議場の両端に「議長室」を，議場の西側奥に「食堂」を設ける配置は同じである。

次に，同決議として掲載された図面は，配置図，１階平面図，２階平面図，３階平面図の４点である。規模について先の議案と比較すると，例えば正面長さでは，議案の106間に対して同決議では118間となり，決議の方で規模を増している（図７）。具体的には中庭の横幅を南北方向に６間ずつ長くし，その分中庭に面する諸室数を増やしているのである。なお，議案にあった本館の左右両奥から廊下で繋げた書庫は決議ではなくなる。

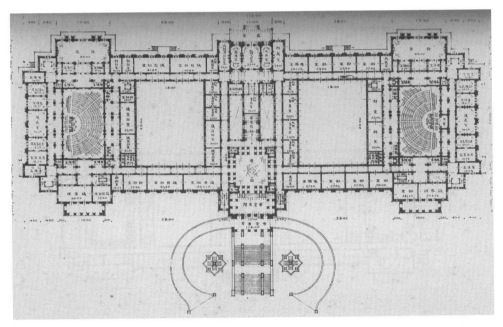

図７　議院建築調査会決議案（２階）

『報告書』では，決議内容を次のようにまとめている（下線筆者）。

本館ハ三階建ニシテ，建坪三千六百二十五坪，其ノ総延坪一万八百七十五坪ナリ，曩ノ議院建築準備委員会ノ計画ニ於テハ，建物階数ハ地下層ヲ加ヘ総テ四層トスルコトニ議決セラレタルモ，今回ハ主要部室使用上ノ便宜ヲ考慮シ建物前幅ノ展開ハ著シク長広ニ亘ラス，随テ其ノ軒高ハ三層ノ高ヲ以テ配合ヲ乗ルニ支障ナキヲ以テ階数ハ之ヲ三層トセリ，而シテ本館ハ之ヲ中央部及左右両翼ノ三部ニ区分シ，従来ノ慣例ニ倣ヒ其ノ左翼ヲ貴族院ニ，右翼ヲ衆議院ニ，中央部ハ之ヲ皇室用，両院共用及政府用ノ部分ニ充テタリ[13]

このように当調査会では，先の議院建築準備委員会での決議に対して，本館の階数を減らしている。また，議院本館の建坪数は，議院建築準備委員会案の5000坪に対して，同調査会決議案は3625坪であったので，27.5％の減少となる。しかし，議場をはじめとして主要諸室の合計坪数は2748.675坪であり，議院建築準備委員会案の2639坪に対してむしろ増えている[14]。例えば議場のある階について両案を比較してみると（図2，7），当調査会決議案における広間は，前回の大広堂に比べて縮小されるとともに，中央部の東西方向の張り出しも小さくなっている。また，中庭は南北方向の長さを減らしている。つまり，議事堂としての記念性を演出するよりも実質的な主要諸室の充実を求めたことになる。ただし，帝室玄関を西側から東正面側に移したため，調査会案では，帝室玄関─広間─帝室階段─便殿（上階）へと直線状に続く軸線が前案以上に強調されている。

5－5　議院建築意匠設計懸賞募集と「間取略図」（大正7年）

　先の議院建築調査会では，「本建築の意匠設計を一般懸賞競技の方法に依り募集する」ことが決議され[15]，このことは大正7（1918）年9月16日の官報で公告された。この懸賞競技用に別に図面が作成され，「間取略図」として応募要項で提示された。

　懸賞競技の「募集の方法は，成る可く広く一般より良案を募り且応募し易からしむるの目的を以て二次競技法と為し，第一次当選者に依りてのみ最後の優賞を競はしむること、せり。」[16]というように，第一次募集（締切大正8年2月15日）には，118通の応募図案が届き，審議の結果20件の当選案が決まった。第二次募集（締切大正8年9月15日）の選考の結果，4件の当選案が約1ヵ月後の10月16日の官報に発表された。入選案については次節にて詳しく見ることとし，ここでは，懸賞募集（第一次）で応募用に前もって示された「間取略図」を紹介する。『報告書』には，間取略図の1階，2階（主階），3階の各平面図が掲載されている（図8，9）[17]。

　先の議院建築調査会決議案と同間取略図には若干の相違がある。まず，本館の正面間口は調査会案の118間に対して，間取略図では2間長い120間となる。奥行については，調査会案46.5間に対して，間取略図は45.55間なので，こちらは短くなる。なお，中庭は，調査会案18×23間，間取略図18×21.75間である。主要諸室の規模については再び表－1を参照されたい。諸室の規模については，その差が小さいことから，議院建築意匠設計懸賞募集時における国会議事堂の計画は，議院建築調査会決議案の時点でほぼ固まっていたと言える。

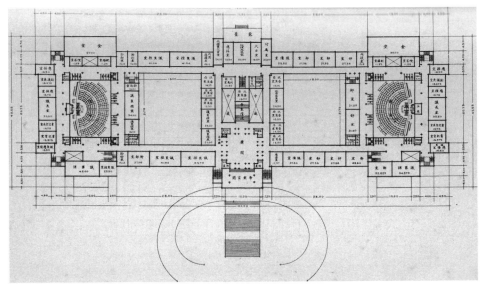

図8　間取略図（2階）

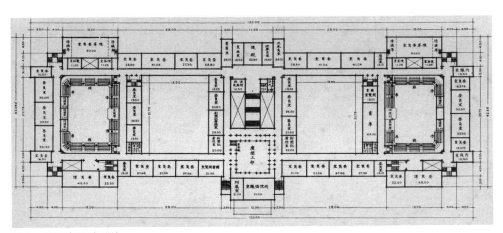

図9　間取略図（3階）

　第二次募集に際して，第一次の当選者に対して16項目に及ぶ注意事項が示された。以下，主要な事項を紹介する[18]（下線筆者）。

　　・予定敷地ハ麹町区永田町ノ<u>高地ニ在リテ西方ニ高ク漸次東方ニ低キカ故ニ</u>（略）建物正
　　　面トナスヘキ東方ニ低下セルハ，<u>本館建物ノ高サ以上ニ外観上高荘ノ感ヲ与フルノ考案</u>
　　　ヲ為スニ便ナリト云フヘシ（略）
　　・第一次設計中ニハ議院建築トシテ当サニ具備スヘキ<u>品位ヲ欠如セルモノ多シ</u>（略）
　　・議場ノ設計上最モ注意スヘキハ（略）<u>坪数二百十坪ニ対シ絶対ニ減少セサラムコト</u>（略）
　　　<u>天井ノ高サハ出来得ル限リ之ヲ低下セシムル方音ノ明亮ヲ期シ得ヘキカ故ニ</u>，其高サハ

五十尺以下タルコト（略）

・貴族院部室及衆議院控室ハ共ニ成ルヘク坪数ノ増加ヲ希望スルモノナルヲ以テ（略）各室ニ付テハ百分ノ五内外ノ減坪ハ止ムヲ得サルモ（略），減坪トナラサルヤウ設計スルコト（略）部室ニアリテハ成ルヘク等大ノ室ヲ相連続シテ設クル（略）各控室ノ間仕切ハ将来必要ニ応シ各室ノ大サヲ加減スル為メ，之ヲ移動シ得ル構造タラシムルコトヲ要ス

　つまり，東から西に盛り上がる敷地を生かした外観正面ならびに議事堂としての品位ある意匠，そして議場の規模と高さ，各室（部室，控室）の規模と配置について注意を喚起している。

5－6　懸賞募集入選案

　第二次募集では20通が寄せられたことから，第一次の通過者は全員提出したことになる。選考の結果は4人の応募案が当選した。

第一等　宮内技手　渡邊福三（図10）

第二等　片岡事務所技師　吉本久吉（図11）

第三等一席　宮内技手　永山美樹（図12）

第三等二席　陸軍技手　竹内新七（図13）

　『報告書』にはこれら入選4案の講評が出ているので，以下，1等案，2等案，3等案（1席，同2席）について，該当箇所を引用する（下線筆者）[19]。

　第一等案は間取に就いては，当局からの要求に対し，部室控室委員室等の重要室に於て，五分以上減坪になつてゐるものが総計で二十室もあり，一見してエレベーションに支配されつゝプランを拵へたといふ嫌ひがある。随て其配室に無理が多く，使用上不便と断ぜらるゝ点が少くない。例へば部室の如きは成るべく等大の室にせねばならないのを大小不同に取つてゐるなど欠点の大なるものゝ一である。然し其エレベーションに至つては全体を通じて最も優れてゐた。其希臘式の精神を取り容れたルネッサンスの風趣は荘重にして穏健である。此の荘重，穏健といふやうな外観上の要素は議院建築の如き性質の建物には最も必要な要素である。（略）

　第二等案はプロポーションのよい，至極真面目なデザインである。が然し其外観の調子は寧ろ一般のオフイス・ビルデング向きであつて，議院建築としてはどうかと思はれる。先づミュニシパル・ビルデングとでもしたならば適当な案であらう。議院の如き国家的建築としてはどうも外観に物足りぬ或ものがある。然も之を尋常普通の建物として見れば，非常によく出来てゐると賛辞を呈するに躊躇しない。プランは殆ど全く当局の参考図に準拠して居つて，改良の跡の見るべきものが毫もないのは残念である。（略）

図10　懸賞募集 1 等案

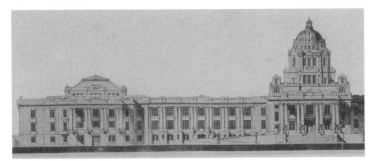

図11　懸賞募集 2 等案

図12　懸賞募集 3 等 1 席案

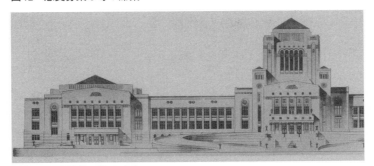

図13　懸賞募集 3 等 2 席案

第三等一席，此の案は英吉利ルネッサンスと仏蘭西ルネッサンスとを混合して外観をコムポーズしたもので，ツク〰と突出線が多く変化もかなりに多い。見心地のよい案であるが荘重雄偉といふ趣は欠けてゐると思ふ。然し一寸見が綺麗であるから素人好きのするデザインである。<u>間取や坪数は徹頭徹尾参考図を模倣してゐるのであるから，これは批評の限りではない。</u>（略）

第三等二席，此の案は<u>セセッッション</u>であるが，<u>そのスタイルの選び方が第一間違つてゐる</u>。であるから議院として必要な荘重の風格が少しも現はれて居らぬと思ふ。何かのテムポラル・ビルデングとしてならば誠によいデザインであらう。（略）

　以上は，懸賞募集審査員の一人であった矢橋賢吉による「当選案に対する批評」であり，全般的に辛口である。ここには「応募図案全体を通じて見ると，エレベーションのや〻優つたものは配置が甚だ拙であり，配置がかなり出来てゐると思へば間取が非常に面白くないと云つたやうな（略）さういふ次第であるから，当選した図案の中でどれが実行案としてよいかといふ段になると，当惑せざるを得ない。」[20]という矢橋の落胆にも似た所感が反映されている。

5－7　入選4案の比較考察

　これらの批評から，第1等案は間取りに問題はあるが外観意匠は優れている，第2等案と第3等1席案はともに間取りに工夫がなく，意匠は議院建築として物足りない，そして第3等2席案はスタイルの選択が間違っていると整理できる。そこでこれら4案について，まず外観意匠（図10～13）から検討する。なお，矢橋が議事堂の意匠に求めた「荘重にして穏健である」の荘重とは「おごそかでおもみのあること」，穏健とは「おだやかで，しっかりしていること」であるが[21]，これら意匠に関わる2つの言葉を拠り所に，入選案における優劣を客観的に判断するのは容易ではない。

　4案の比較から明らかなのは，第1等案の中央部の塔屋が他を圧して高いことである。この塔屋を除くと，第1等案と第2等案は，ともに中央ならびに両翼部に列柱を並べ立てる。とくに第2等案では2本一組の双柱としているので，荘重という点で，同案は第1等案に引けを取っていないと思われる。このことから，当時議院建築に求められた荘重は，中央部の塔屋にも等しく求められていたことになる。ただし，第1等案について，矢橋は「塔が如何にも細長くつて，恰好から云へば満足とは言ひ難い」と釘を刺す。

　第3等1席案については，塔屋は第2等案と酷似し，列柱は柱形として処理されているので，上位案に比して外観はより簡素な印象を与える。

　そして，様式選択を間違ったとされた第3等2席案に用いられた「セセッッション」というスタイルは，ドイツ語で「分離」を意味するゼツェション（Sezession）に由来する（以下，セセッションと称す）。セセッションは19世紀末以降にドイツ各地やウィー

ンで結成された芸術家集団に付けられた名称であり，過去の様式から絶縁して新様式を確立することを目的とし，わが国には明治38（1905）年にはその傾向が現れたとされる[22]。

　日本近代建築の通史を扱った文献では，明治40（1907）年頃，海外留学生や海外雑誌の影響を受けて，セセッション的なデザインが現れ，若い学生や建築家たちが早速強い関心を示した。明治末から大正初めの日本の建築界のモダニズムを象徴する言葉となり，そうした一連の動きの最終的結論が「分離派建築会」の登場であったとされる[23]。セセッションの意匠的特徴については，例えば，武田五一の福島邸（1905年）について，次のような解説が付く（図14）。

　　そこにはそれまでの明治の様式建築になかった，グラフィックな効果が鮮やかに表現されていた。つまり建物の内外を形づくる装飾的細部の造型が，それまでの建築の場合のように彫刻的な重さや厚みを持たなくなり，平面的な，ちょうど版画の画像にあるような，ペタンとした平面的な処理がされ，しかも色彩がきわめて鮮烈で，また線—それも軽快な曲線や直線が各所で強調されていた。[24]

　また，田辺淳吉の大阪瓦斯会社（1905年，図15）については「小品ながら装飾的細部の単純化や直線の強調といった点で，早くも若い建築家に与えたセセッションの影響を感じさせるものの一例である。」とされる[25]。

　大正4（1915）年刊行の『東京百建築』[26]では，同書掲載の建築を個々に様式分類する。様式名は「ルネサンス式，ルネサンス系，擬洋風，近世式，印度サラセン風，ゴシック式，セセツション風，和洋折衷」等で，建築100選の中で「セセツション風」に以下の5件が挙がる。大日本私立衛生会，日之出生命保険株式会社，高田商会，奥田油商店，原島自動車店。

図14　福島邸

図15　大阪瓦斯会社

図16　日之出生命保険株式会社

大日本私立衛生会は明治44（1911）年，ほかはすべて大正3（1914）年に建てられた。例えば，日之出生命保険株式会社（三橋建築事務所設計）は一見煉瓦造のようだが，その仕様は「木骨鉄網コンクリート造，装飾煉瓦及擬石塗」[27]から，木造モルタル仕上げで，化粧煉瓦等を張り付けていたことになる（図16）。窓間にある煉瓦仕上げの細長い壁は従来の古典主義の付け柱を思わせるが，はるかに平坦である。また，その上部の縞模様や胴蛇腹に見られる矩形模様はグラフィックな効果を出し，玄関口の真上の半円形を連続させた飾り等に，セセッションの特徴が窺える。

　再度第3等2席案を見ると，正面中央ならびに両翼部に見られるペディメントを想起させる妻壁は単純化され，その下の柱は細いため，重厚さを感じることができない。また，他の入選案に見られた彫刻的な要素はほとんどなく，円形と矩形の模様があしらわれた軽やかな表現となっている。

　次に間取りについて，第1等案以外は間取略図を踏襲している。そこで，第1等案の間取りを分析することで，間取略図に手を加えた渡邊福三の設計意図を推察する（図17，18）。

　まず，間取略図で示された建物の規模は120間×45.55間（間口×奥行）に対して，1等案のそれは119間×46.5間，中庭は前者が18間×21.75間，後者は18.5間×21.5間で，規模において両者に大きな差はない。渡邊案に対して批判されたのは，具体的には部室・控室・委員室等の減坪，とくに部室の規模の「大小不同」にあった。例えば，渡邊案の2階平面図における部室は間取略図のそれに比べれば，その大きさにバラツキが認められる。

　では渡邊は，なぜ間取りにおいて間取略図とは異なる図面を提出したのだろうか。それは，「エレベーションに支配されつゝプランを拵へた」との批評のように，渡邊案の塔屋を中心とした中央部と両翼部の処理にある。そもそも，渡邊案では東正面側に張り出した中央部と両翼部の間口幅がそれぞれ間取略図の規模を超えている。例えば，東側正面の中央部の間口幅は，間取略図の17間に対して渡邊案は23間で，両翼部の間口幅は，間取略図は15間，渡邊案は20間である。

　矢橋の批評にあったように，渡邊福三は議事堂としての外観を重視した設計を行っていた。渡邊案の平面図を再度見ると，中央部と両翼部のそれぞれの間口幅が，そのまま奥行方向においても同一の幅を保って西側正面に続く。その種の平面計画は他の

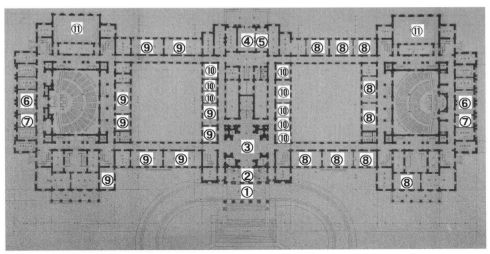

図17　懸賞募集１等案　２階平面図（番号 筆者補）
　　　①御車寄　②帝室玄関　③広間　④総理大臣室
　　　⑤大臣室　⑥議長室　⑦書記官長室　⑧部室　⑨議員控室　⑩政府委員室　⑪食堂

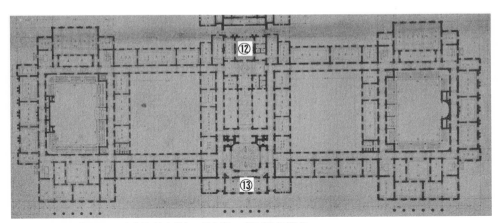

図18　同・３階平面図（番号 筆者補）　⑫便殿　⑬両院協議室

入選案には見られない。高塔の存在感とともに，中央部と両翼部を強調した厳格な外部構成を平面図においても看取できるようにする―渡邊はそこに議事堂らしさを求めたのではないか。そのしわ寄せが，当局の意に染まない諸室の規模と配置を生んだのである。

　他方，議事堂に要求されていた「荘重，穏健といふやうな外観上の要素は議院建築の如き性質の建物には最も必要な要素」に対して渡邊案が評価されたのは，その「希臘式の精神を取り容れたルネッサンスの風趣」であった。つまり，中央部と両翼部の適切なオーダーの使用が決め手になったと考えてよいだろう。オーダーとは，古代ギリシャ・ローマ建築に遡る，円柱の直径から，高さ，柱間，水平材を比例関係で決め

る規準のことであり，ドリス式，イオニア式，コリント式などの種類がある。この意匠に関しては，1等案（図10）と2等案（図11）ではともにオーダーを用いていた。ただし，2等案は「議院の如き国家的建築としてはどうも外観に物足りぬ」と評されたので，2等案における外観の物足りなさについて若干の考察を加えたい。

　1等案と2等案の図面を比較してみると，筆者にはオーダーの見せ方も評価に影響したのではないかと思うところがある。双柱は本来それだけで荘重な雰囲気を醸し出す意匠上の力があるのだが，2等案の図面は何か物足りないのである。1等案の中央部にペディメントを頂く神殿風の玄関口は，2等案にはない。さらに両案の違いは，中央部と両翼部における列柱がつくる陰影の処理ではなかったかと思うのである。両案とも同箇所は列柱が前方に張り出しているので，相応の影が出来るであろうが，1等案はその明暗効果が強く，それだけに中央部と両翼部が際立つのである。

5－8　実施に向けての基本設計案

　結局，設計競技入選案は実施案として採用されず，『報告書』には，実施を前提にした基本設計案が掲載されている。同案は1階，2階，3階の各平面図であり（図19，20），以下のような設計指針が示される（下線筆者）[28]。

> 地勢の傾斜を利用して，一階は西方及南北側に於て半地階と為し，南北側は其の外側地下を車馬置場及供待所とする為，本館前面の線に於て地盤の高低の限界とせり
>
> 本館は大体に於て三階建と為し，外部は花崗岩を以て装ひ，其の意匠は伝統を離れたる独創的の近世式の様式を採り，左右均斉の正面中央に角錐形段形屋根を載ける高塔を聳立せしめ，中央に帝室用大車寄，左右に貴族院及衆議院の車寄を配して荘重なる外観を整へたり
>
> 内部各室の配置は，中央部には帝室用諸室を始め内閣用諸室及両院共通諸室，政府委員室等を設け，北翼を貴族院，南翼を衆議院用の諸室に充て，其の二階の中心に各々議場を配置し，傍聴席は議場の音声明徹を期する為，二層に設くるの計画を廃して之を一層と為し，其の天井高を成るべ低く為すことに努めたり
>
> 中央部と左右翼間には広濶なる中庭を設け各室の採光を計り，且将来の拡築に備へ，傍聴人はこの中庭より専用の玄関及階段に依りて三階傍聴人控室に達することゝせり

　議事堂の立つ敷地は，東から西に向けて盛り上がるように傾斜して高くなる。本館の正面側は東を向くため，それ以外の面は，「半地階」としつつ，地上3階建てのように見せる。中央部の高塔は，角錐型の屋根とする。車寄せを中央ならびに両翼部に付けることで荘重さを保つとともに，様式は近世式とする。関連諸室は，中央部，両翼部に適宜まとめる。議場の天井高は音響を配慮して低くする。そのために傍聴席は1層とする。中庭は採光ならびに増築用に広く取り，傍聴人の通路を兼ねる。

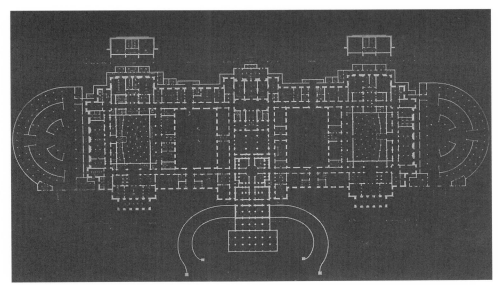

図19　基本設計（1階）

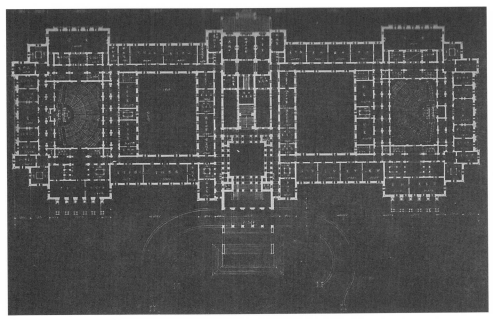

図20　基本設計（2階）

このように，基本設計ではいくつかの見直しがなされている。表－2は，間取略図
と基本設計案における各所のスケールの比較一覧である（基本設計案は諸室記載の寸法
が読み取れないため，スケール表示を使用）。

表－2　各所の規模の比較（単位は間）

箇所	間取略図	基本設計
本館	120 × 45.55	115 × 43.25
中央玄関の間口幅	12	12
中央玄関に両脇の階段室を含む場合	17	24
両翼部の張り出し部の間口幅	15	15
中庭	18 × 21.75	15 × 21.5

　本館の規模については，基本設計は間口で5間，奥行で2.3間縮小している。
　次に両者の図面の諸室を比較すると，中央の広間，両議場は同一である。中庭の奥
行方向については両案にほぼ差はないが，横幅は間取略図が基本設計案より3間長い。
また中央玄関の両脇の階段室を含んだ長さは，間取略図17間に対して，基本設計で
は24間となる。つまり，基本設計では両翼部の間口幅は同じであるが，階段室を含
む中央玄関の幅は7間長い。基本設計における本館の間口幅は間取略図より5間短い
ので，間取略図との差は，主として中庭の幅で調整していることになる。また，間取
略図では中央の帝室玄関の両側にあった階段室が，基本設計では広間側に移動したた
め，広間の左右にあった貴衆両院の諸室（議員控室等）の規模と配列に影響している。
　さらに，指針で示されているように，中庭には傍聴人用の出入り口がある。したがっ
て，両案には主として中庭周辺の諸室に相違が見られ，基本設計案では部屋数を減ら
したり，部屋の規模を小さくしたりすることで対処している。
　なお，『報告書』には模型写真が掲載され，指針にある「角錐形段形屋根を載ける高塔」
のほか，現議事堂と酷似する意匠がこの段階で整えられている（図21）。

図21　基本設計（模型）

しかしながら，この基本設計は実施に向けてなお修正を強いられた。主な修正項目を要約すると以下の通りである[29]。

・本館の建坪と同じくらいの面積を有する地階を設けて，設備用諸室，傍聴人関係諸室等を本館に配置する。その際，傍聴人用の玄関口は建物の西側に設ける。

・建物の西側の敷地を「沈床庭園」の形式とする。そのことで，建物各面は3階建ての外観を獲得する。

・衆議院議場に「御座所」を設ける。貴衆両院議場ともに，一般傍聴席を議場上部四周にではなく，正面以外の三方のみとし，その左右正面に皇族ならびに貴賓席を設ける。

・本館の中央に高さ216尺（約65.5m）の高塔を建立し，この高塔を含む中央部に向かって右に貴族院，左に衆議院の両翼を構え，高塔を中心として両翼の左右四隅に階段室用の小塔を配する。

・外観意匠は厳正なる左右対称をなす古典的精神に自由闊達な近代的手法を加え，従来の固定された様式に囚われない近世式を採用する。

・堂々とした安定感と質実荘重さを与えるために花崗岩を用いるとともに，単調さを避けるため，外観の各要所には壮麗なる彫刻を配する。そうすることで，わが国における官衙建築の中心的存在である帝国議会議事堂としての偉容を保つ。

　同文中ならびに基本設計の指針に，建物に採用された様式を「近世式」と呼んでいる。今では聞きなれないこの近世式については，次章にて，第三次仮議事堂の意匠を含めてその意味を考察する。

註

1）営繕管財局編纂：『帝国議会議事堂建築報告書』，昭和13年

2）同上，p.4

3）同上，pp.22-27

4）大熊喜邦：「議院建築の話」，（『復刻版 建築の東京』所収，不二出版，2007，p.7）底本は『建築の東京』（都市美協会，昭和10年）

5）各調査会等の所属部署については，『帝国議会議事堂建築報告書』（前掲書），pp.22-29

6）同上，p.40

7）「議院建築の設計図」（「東京朝日新聞」，1899年7月20日付）

8）大熊喜邦：『世界の議事堂』，洪洋社，1918，p.13

9）表－1のデータは，次の文献を参照。『帝国議会議事堂建築報告書』（前掲書），大蔵省臨時建築部：「議院建築準備委員会議事要録」，明治45年，大蔵大臣官房臨時建築課（編・発行）：「議院建築調査会報告書」，大正7年

10）『帝国議会議事堂建築報告書』（前掲書），図面はpp.46-47に挿入

11）大熊喜邦：「帝国議会議事堂建築の梗概」『帝国議会新議事堂竣功画報』（日刊土木建築資料新聞社／月刊雑誌 建築知識社，昭和12年所収，p.8）

12）『帝国議会議事堂建築報告書』（前掲書）図面はpp.58-59，pp.64-65に挿入

13）同上，p.72

14）主要諸室の総坪数は，『帝国議会議事堂建築報告書』（前掲書）による。参照，pp.49-50，pp.62-63

15）同上，p.101

16）同上，p.122

17）同上，図面はpp.106-107に挿入

18）同上，pp.124-127

19）同上，pp.128-130

20）同上，p.128

21）新村出編：『広辞苑』，岩波書店，昭和50年第2版9刷

22）『新潮世界美術辞典』，新潮社，昭和60年，p.808

23）日本建築学会編：『近代建築史図集』，彰国社，昭和51年，新訂第1版，p.108

24）近江栄，岡田新一，佐々木宏，長谷川堯，村松貞次郎，三上祐三，山口廣：『近代建築史概説』，彰国社，1990，p.233

25）同上，p.234

26）黒田鵬心（編）：『東京百建築』，建築画報社，1915　ここでは，『復刻版　東京百建築』（不二出版，2008）を使用。

27）同上，p.8

28）『帝国議会議事堂建築報告書』（前掲書），pp.131-132

29）同上，pp.132-133，pp.155-156

図版出典

図1～9，19～21：『帝国議会議事堂建築報告書』（前掲書）

図10～13，17，18：『議院建築意匠設計競技競技図集』（大正8年10月発行，洪洋社）

図14：ふるさと歴史館編集：「平成17年度特別展図録　近代建築の好奇心　武田五一の軌跡」，平成17年，文京区教育委員会発行：2階部分「福島邸外観」（『武田博士作品集』掲載）

図15：日本建築学会編：『近代建築史図集』（前掲書）日本建築学会図書館所蔵

図16：『復刻版　東京百建築』（前掲書）

第6章　第三次国会仮議事堂

　第三次国会仮議事堂（以下，第三次仮議事堂あるいは第三次と略す）は，第二次の修繕工事中の失火による焼亡後，広島臨時仮議事堂を含めればその4棟目として大正14（1925）年12月に竣工し，同年の第51回議会から昭和11（1936）年の第69回議会まで使用された。本章では，第三次仮議事堂の外観，平面計画，そして小屋組について第二次との比較考察を行い，とくに意匠の特徴を，本議事堂を含めて明らかにする。

6－1　第三次仮議事堂の工事概要

　まず，第三次仮議事堂の建設までの顛末を記す[1]。

　　［第二次仮議事堂は］大正十二年九月一日の大震火災に際しては幸いに災火を免れたるも，其の後の修繕工事中，大正十四年九月十八日火を失して焼失せり。時恰も第五十一回帝国議会の開期目睫に迫れるを以て営繕管財局に於ては直に復旧計画に着手し，急遽焼跡を整理し同月起工，不眠不休工を進め同年十二月着手後僅に八十余日の短日月を以て仮建築を完成せり。其の規模は木造二階建，延坪数六，三〇四坪にして，工費金百五拾九万九千九百七拾四円とす。

　大正14（1925）年9月18日，修繕工事中の出火により第二次仮議事堂は焼失した。その後の再建の工程は以下の通りである[2]。

　　9月18日：設計に着手する。
　　9月26日：設計図が出来る。
　　9月29日：起工
　　10月21日：上棟式
　　12月 9日：本館建物竣功
　　12月20日：残工事竣成

　以上の工程を他の文献で補足する[3]。

　　9月26日：工事請負会社（計5社）の各代表者を呼び出す。
　　9月27日：設計図の交付
　　9月28日：請負会社から工事見積書の提出
　　9月29日：契約を結び，工事に着手
　　10月21日：上棟式
　　12月 5日：大体の竣功を報告
　　12月19日：工事完了ならびに引渡し
　　12月22日：落成式

工事完了が12月19日と20日と相違はあるが，第三次仮議事堂は，9月18日の焼失直後に設計が開始される。同月26日に設計が完了し，工事請負会社（5社）を呼び出している。翌27日に設計図を渡し，28日に見積を出させている。そして29日に契約を結び，同日工事に着手する。

　第三次の設計を主導したのは，大蔵省営繕管財局工務部長矢橋賢吉（1869〜1927）と同局工務部工務課長大熊喜邦（1877〜1952）であり，この辺りの事情に関連する新聞記事を引用する。

> 焼失議院の仮建築費百八十万円の第二予備金支出の件及び仮建築の設計等に就いては［九月］二十二日の閣議に附議決定する事になつて居るので，大蔵省営繕管財局では其後貴衆両院と議院仮建築の設計上に関し種々交渉の結果廿一日夜に至つて大体の設計図作成を了つた（略）[4]
> 焼失した両院の仮建築は案を改める事三回に及び，四回目の決定案が［九月］廿七日に完成した（略）[5]

　新聞報道によると，再建のための設計図については，焼失の3日後（9月21日）にはその概略が決まり，3度の変更を加えて9月27日に仕上げられたことになる。

　文献により，設計期間も若干の相違はあるが，いずれにせよ8日間程度で設計を終了させ，着工しているのである。その理由は来る第51期帝国議会の開会（12月26日）に間に合わせるためであり，開会の4日前に落成式が挙行される。竣工日を12月19日にすると，工期は82日となる。因みに，第二次仮議事堂は明治24（1891）年4月28日に着工，同年10月30日に竣工したので，工期は186日であった[6]。

　第三次の上棟式（10月21日）に関する新聞記事の中に，5社共同の工事の有様を伝える内容が含まれていたので，最後にそれを紹介する[7]。

> 焼跡の仮議院建築は今年の開院式までに完成させるといふので，起工以来毎日二千人から三千人の職工人夫がその所属各組の受持によつてまるで建築競技でもするやうに立働いてゐる（略）工事請負の各組はその受持場所を一日も早く完成する為に所属の職工，人夫をはげまし，二十一日の上棟式にも「当日は休まず，酒は一切飲まぬ事」といふやうなはり札をしてゐる（略），十一月初旬にはもう外部の建ものを終つて内部の装飾に移るはずで，大蔵省の営繕局では「いまの工程によつて開院式をあげる予定が確かになつた」といつてゐる。何しろ三千人近い人が働いてるので，当局の監督も大変だが請負つた各組でも大変な意気込みで，二十日の如き清水組四九四人，大林組六一一人，大倉組五七二人，安藤組四三二人，松村組六九六人で総計二千七百五十五人が秋晴れの日を立働いてゐた。

　ただし，上記5社の職人を合計すると2805人となり，文中の総計2755人とは一致しないが，工事の熱気が伝わってくる記事である。

6−2　再建方針

　短期間で工事を完了させるために，様々な処理ならびに工夫がなされている。以下，『帝国議会仮議事堂建築記念』の「仮議院建築概要」から適宜抜粋する[8]（下線筆者）。

　　旧建物ノ基礎ヲ成ルベク利用スルノ目的ヲ以テ従来ノ間取ニ拠リシモ出来得ル限リ簡単ニシテ便利ナル様改善ヲ加ヘタリ

　　急速ヲ要スル仮建築ナルヲ以テ骨組ハ木造

　　急速ヲ要スルモノナルヲ以テ成ルベク単純ナル近世式ヲ採択セリ

　　極メテ急速ニ建築スヘキモノナルヲ以テ全部ヲ第一区乃至第五区ノ五部分ニ区分シ，左ノ請負者ニ分割請負ハシメタリ

　同概要には「急速」という言葉が何度も出てくる。そして第二次の基礎を再利用し，すでに述べたように工事を5社に分割し競わせている。各社の分担区域は以下の通りである。

　　第一区　中央部　合資会社清水組
　　第二区　貴族院議場部　株式会社大林組
　　第三区　衆議院議場部　大倉土木株式会社
　　第四区　貴族院後部　株式会社安藤組
　　第五区　衆議院後部　株式会社松村組

　なお，下線の近世式については，本章6−10以降で考察する。

6−3　建築概要

　第三次仮議事堂は，第二次と同じ敷地に建てられた（図1）。木造2階建てで，建物中央に正面玄関を，正面向かって右手（北側）に貴族院の，左手（南側）に衆議院の議場を配し，それぞれ専用の玄関口を設ける（図2.3）。建物の正面長さは約138mに及ぶ[9]。

　建物中央部にスロープのある車寄せが付く。その車寄せの正面は，柱間をアーチの開口部とした計6本の角柱で構成される。この車寄せの背後の外壁には，丸みを帯びた柱形が計8本付き，それぞれの頂部に尖塔を伴う。これらの柱形の間の尖塔近くに縁飾りを付けた妻壁を並べ，全体として簡素な外観に

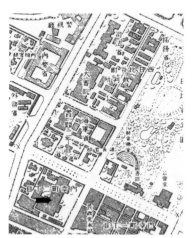

図1　第三次仮議事堂の配置図
（矢印が仮議事堂）

図2　第三次仮議事堂　全景

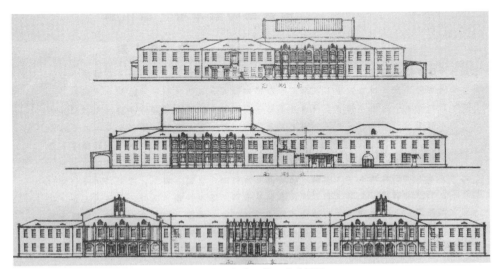

図3　上から南，北，東立面図

アクセントを添える（参照，図38）。

　貴衆両院の玄関口にはスロープはないが，中央部と同様の造りとし，両院の車寄せは8本の角柱で構成され，角柱間のアーチの中央に要石を付ける。車寄せの背後に，中央玄関より柱間を大きくした計8本の尖塔を持つ柱形を並べる（参照，図37）。なお，この種の柱形は建物の両側面ならびに両院議場の屋根の妻面に使用されている。窓はすべて上げ下げ式で，中央車寄せ2階の窓は互いの設置間隔をやや狭め，両院2階の柱形間では，2つ一組の窓を配列するなど多少の変化を付けている。なお，両院議場は大きな天窓を持つ切妻造りで，各妻面の3本の柱形の間に小さな窓を伴っている。

　建物全体としては，議場のある両翼部を張り出させるほか，車寄せと柱形によって中央部と貴衆両院を意匠的に区分している。外壁については，『帝国議会仮議事堂建築記念』に以下の記載がある[10]。

　　　防湿紙ヲ下張トセル鉄鋼「モルタル」塗トシ帯黄色洗出シ及粗面塗仕上ヲ施シ，屋根ハ鉄
　　　錆色石綿「スレート」葺トス（略）

　外装は黄色みを帯びたラスモルタル塗り仕上げで，屋根に葺かれた石綿スレートは鉄錆色であった。この鉄錆色については，栗色との記載もある[11]。

次に，主要諸室を紹介する（図4，5）。建物1階の中央玄関（その左右は控室）を入ると階段室のある広間となる。広間の左右（南北方向）の横長のホール（大廊下）の先に貴衆両院の議場が配される。両議場のうち，貴族院には玉座があり，建物の両端部には議長室，議長応接室，書記官長室などが設置される。広間の奥中央に両院協議室，その隣に控室がある。控室はここ以外の諸室に見られる。また，議事堂本体から離れた西側の2ヵ所に食堂がある。

　2階へは，広間に設けられた直階段を上る。階段室の周囲には1階と同じく横長の大廊下があり，1階の両院協議室の真上に便殿が，その左右に皇族室，総理大臣室，大臣室などがある。また，両院議場周りには控室，委員室がある。本館背後にある多くの室は委員室で，1階食室の上は予算委員室と委員会議室となる。

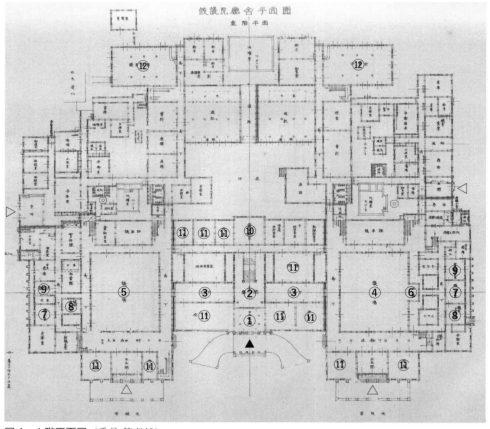

図4　1階平面図（番号 筆者補）
　　①中央玄関　②広間　③大廊下　④貴族院議場　⑤衆議院議場　⑥玉座　⑦議長室
　　⑧議長応接室　⑨書記官長室　⑩両院協議室　⑪控室　⑫食堂

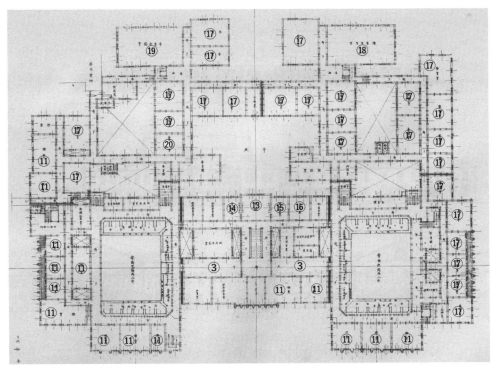

図5　2階平面図（番号 筆者補）
　　⑬便殿　⑭皇族室　⑮総理大臣室　⑯大臣室　⑰委員室
　　⑱予算委員室　⑲委員会議室　⑳予算会議室

6－4　第三次仮議事堂の工事の進捗状況

　本章において関連資料として用いた『帝国議会仮議事堂建築記念』は，第三次の工事記録を兼ねた写真集で，配置図，1階平面図，2階平面図に続いて計59頁に及ぶ写真が収録されている。ここでは，適宜抜粋した写真に注釈をつける。

10/1「全景」（図6）（数字は日付，括弧内は写真に添えられた名称，以下同じ）：9月29日の着工3日後の写真である。布基礎ならびに独立基礎が露わになっている。布基礎の形状から，衆議院側から北側を撮影したもので，写真中央の6人の職工がいる辺りが衆議院議場である。写真の後景には計3本の煙突（①から③）が見える。着工間もなくの写真であることと躯体がしっかり残っていることから，これら3本の煙突は第二次の焼け残りだと考えられる。なお，建物の背後（写真右奥）にある建物は海軍省庁舎（④）である。

10/5「中央部」（図7）：正面側から撮影したもので，足場が組まれている。写真中央に第二次にあった八角形の玄関ホールの基礎が残存する。

10/13「中央部」（図8）：土台，通し柱，間柱，胴差，軒桁，2階梁等の軸組が組まれている。小屋組は，キングポストトラス（真束小屋組）である。

10/21「上棟式全景」（図9）：軸組の過半に木摺が取り付けられ，屋根の下地も大半が終わりかけている。

10/26「衆議院後部」（図10）：石綿スレートがほぼ葺き終えられている。

10/27「中央部御車寄」（図11）：車寄せをはじめ躯体全体にモルタル塗り仕上げが行われている。

10/28「衆議院議場」（図12）：足場越しに小屋組が見え，２階席の張り出し部分を支える梁が飛び出している。

11/4「衆議院前部」（図13）：躯体壁面のモルタル塗り仕上げならびに石綿スレート葺きがほぼ終了している。

11/17「貴族院後部」（図14）：貴族院側（建物の北面）玄関口の庇を支える持送りに緩やかなＳ字曲線の連続模様が施されている。

11/19「衆議院前部」（図15）：足場が撤去される。

工事中の建物外部の写真は11月19日で終わる。

11/23「衆議院食堂」（図16）：造作はほぼ終了している。ガラス窓に三角形の幾何学模様がある。

11/23「衆議院後部階段」（図17）：造作はほぼ終了している。

これ以後は，12月22日の落成式の写真があるほかは，日付のない室内写真が続く。順番に，便殿（図18），貴族院議場玉座，貴族院議場，衆議院議場（図19），皇族室及総理大臣室，貴賓室及各大臣室，衆議院議長応接室及衆議院交渉室，貴族院議長室及衆議院書記官長室，貴族院和食堂及衆議院委員室，中央玄関，中央階段及両院玄関，大廊下及議場裏階段，そして最後に同議事堂の全景（図2）が収録される。

図6　工事中の写真，「全景」（10月1日）（番号 筆者補）

図7　工事中の写真,「中央部」(10月5日)

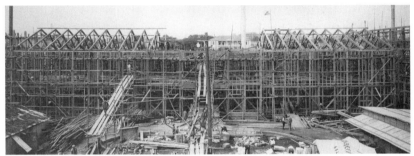

図8　工事中の写真,「中央部」(10月13日)

図9　工事中の写真,「上棟式全景」(10月21日)

図10　工事中の写真,「衆議院後部」(10月26日)　図11　工事中の写真,「中央部御車寄」(10月27日)

図12　工事中の写真，「衆議院議場」（10月28日）図13　工事中の写真，「衆議院前部」（11月4日）

図14　工事中の写真，「貴族院後部」（11月17日）

図15　工事中の写真，「衆議院前部」（11月19日）

図16　工事中の写真，「衆議院食堂」　　　　図17　工事中の写真，「衆議院後部階段」
　　　（11月23日）　　　　　　　　　　　　　　（11月23日）

図18　便殿

図19　衆議院議場

6－5　第二次仮議事堂との比較

　外観における第三次仮議事堂と第二次との相違は，まず建物全体の構成にある。第二次では，大小５つの屋根（塔屋）が立ち上がるとともに，中央と両院の計３つの玄関口ならびに両端部が張り出して，垂直方向には高低の，水平方向には凹凸の出入りのある構成となっていた（図20）。さらに，屋根には暖房用の煙突が林立していた。

図20　第二次仮議事堂の全景

　それに対して第三次では，３つの玄関口の連続するアーチの開口部を持つ車寄せが目立つが，中央部に塔屋はなく，両院議場の大屋根は勾配も緩く，側壁からの採光用の窓がないため第二次よりも屋根そのものが低く伏せられている。このように，第三次では車寄せを除くと，躯体の張り出しと凹凸による賑やかさは影を潜めている。その代わりに，３つの玄関口に集中的に配された尖塔付きの柱形ならびに尖塔の間に施された曲線を持つ妻壁の装飾が，ほぼ唯一の意匠として建物を特徴づけている。なお，第三次では屋根に煙突がないため，すっきりとし，飾りとして屋根窓が付くとともに，第二次と異なり車寄せの屋上をバルコニーとはせず，緩勾配の屋根とする。

　外装については，第二次は，斜材あるいは×型に組んだ構造軸組を意匠として露わにした真壁造りで，各玄関口の切妻破風には唐草の装飾模様があしらわれ，両議場の屋根の妻面には竪板が張られていた（図21）。この竪板は下端に丸みを付けた加工がなされていた。

　このように，第二次では，木組の意匠が白漆喰の壁によく映える仕上げがなされたのに対して，第三次の外装は黄色みを帯びたモルタル塗り仕上げで，屋根の石綿スレートを鉄錆色（栗色）とした質素で温かみのある仕上げであった。

図21　第二次仮議事堂　衆議院議場側からの眺め

6－6　関連記事

　次に，第二次と第三次仮議事堂を比較した2件の新聞記事を引用する（下線ならび
に丸囲み数字は筆者加筆）。

　（略）外観内容はかなり簡単にして便利な工合に改善される，まづ外観からいへば両院とも
木造二階建で屋根は栗色石綿スレートふき，外壁は下に防湿紙をはり上は鉄網モルタル塗
りに色調をうまく配したセメントの粗面仕上げといふ⑦近世式の建方で軒の高さは両院議
場の一部を除いた他はすべて三十尺以下となり，①焼ける前にあつた真ン中の八角堂がな
くなつた。それは正面の皇室用，両院兼用の玄関両側にあつた守衛室をとり除けて拡張し，
これまで八角堂の中を折れ曲つて上つた階段が真直に改められたからである。
内容の変つたところで目立つのは第一に②両院の議場が議員の頭数がふえただけ後の方に
取拡げられ，貴族院は元四百六席が四百三十席，衆議院は四百六十四席が四百六十九席と
なつた，③議席はもと通り階段作りだが，通路は緩こう配に改めたからどんな老議員でも
そゝつかしやでも演壇へすこぶるなめらかに歩けるといふものだ，それと④在来天井から
来る光線が間接に射すやうになつてゐて昼なほ暗く電燈を点じてゐたのを，今度は鉄網入
りのガラス張りで議場がズット明るくなり，⑤両院の廊下も直接法式に整理し従つて各部
屋の配置も多少変更したし，⑥新聞記者席も両院共席数を増し便利よく改められた，だゝ
気の毒なのは一般傍聴席で，これは議場が拡張された関係から両院とも百人分ほどの席が
減らされたのだが，そのかはりこれまた入口から下足場身体検査場とグル〰〰引廻された
のが大に改善されてスラスラと入れる様になる[12]

　前のものは⑦スイスコツテージで一寸外観もごち〰〰してゐたが，今度のは純近世式で外
の色合も黄色味のある暖かい軟かい味のあるものとなるし，屋根も黄色がかつた栗色のア
スベストスレートをふくこととなつた，さて②議場の内部だが，普選の結果で議員の数も
殖えるから奥行を一間余広くした（略）⑧テーブルはとても短日月で楕円形のものは木を
挽く事が出来ず，それをやつてゐては間に合はないので小さな多角形の半円を並べる事と

なり角が沢山出来るから，議員が無暗に暴ばれたりするととんでもない事で突当る（略）
⑥傍聴席は前よりは稍高くなり，新聞記者席は一段低く丸形廻転上下自由の椅子となる[13]

以上の記載から，第三次における第二次からの変更点を整理する。

①第二次仮議事堂にあつた「八角堂」をなくし，曲がり階段を直階段に改める。また，その前方の玄関通路を拡張する。

②議員数が増加したため（貴族院は406席から430席，衆議院は464席から469席），議場の奥行を一間余広くする。

③議場内の通路を緩勾配に改める。

④第二次仮議事堂では天井からの光線が不十分であったので，第三次では鉄網入りのガラス張り天井で明るくする。

⑤両院とも各部屋の配置を多少変更する。

⑥両院とも傍聴席は前よりはやや高くなり，新聞記者席を増すが，一般傍聴席は両院とも100人分ほどの席を減らす。

⑦第二次の「スイスコッテージ」風の外観を改め，「近世式」とする。

⑧テーブルは楕円形のものにしない。

6－7　比較考察

第二次仮議事堂の平面図（本館部分）に第三次の輪郭を重ねた図を示す（図22）。なお，図22で使用した第二次の平面図は，明治39（1906）年から同42（1909）年の修繕工事後のもので，同工事の際の増築により，建物の対称形はやや崩れた。同図は図面の一部であるが，衆議院議場側の左手奥にそれが認められる。

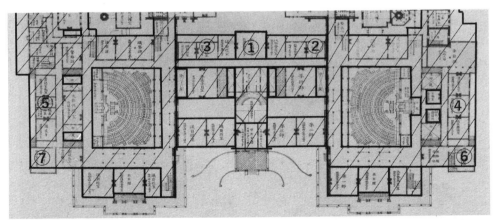

図22　第二次仮議事堂１階平面図（本館部分）に第三次の輪郭線を重ねた図（番号と線 筆者補）
　　　図中の太線で囲まれ斜線を入れた箇所。ただし，①両院協議室，②新聞記者室，③控室，
　　　④議長室，⑤書記官長室，⑥守衛室，⑦交渉室は，本章6－7での考察用の記載である。

以下，前項にて整理した①〜⑧について考察を行うが，まず建物の規模の違いを確認する[14]。第三次の延建坪6305坪に対して，第二次は4845坪なので，3割拡張されている。また，第三次は焼け残った第二次の建物を再利用していて，その残存建物の延坪数は883坪である。したがって第三次の総延坪数は7188坪であり，第二次の残存率は約12%となる。

　①の第二次仮議事堂にあった「八角堂」とは八角形の玄関ホール（広間と表記）のことで，第三次ではここを奥行のある矩形平面とし，二股の曲がり階段を直階段に改めている（図23）。ただし，第三次の広間の間口は第二次と同一である。この玄関ホール（広間）の前方にある中央玄関（図24）は第二次よりもその間口を広げている。

　②の議場については，貴衆両院とも「ひな壇」と対面する議場の背後を拡張している。上記の記載では1間余とするが，議場の正確な規模は以下の通りである[15]。

第二次：62.28尺×82.20尺（梁間方向×桁行方向）

第三次：70尺×83.2尺（同上）

すなわち，第三次の議場は梁間方向で第二次より7.72尺（2.34m）長い。その増長分が他の諸室に影響を及ぼさないように，第三次では議場に接する廊下幅を狭くする。

　③の議場内の通路を緩勾配に改めていることについては，その実際の勾配は不明である。参考までに第二次のそれは約2.2寸勾配（2.2／10）である[16]。

　④のガラス張り天井については，第二次仮議事堂にも同様の天井を設けていたが，第二次には屋根面に天窓はなく，妻壁ならびに側壁に設けられた窓からの採光に依っていた。

　⑤の部屋割りについては，第二次の1階平面図の上に第三次のそれを重ねた図22の範囲で，間仕切り壁の撤去による変更を除いて第二次との相違を検証してみる。両院協議室（図22の①）の左右に連なる諸室において，新聞記者室（同②），控室（同③）等の奥行を拡張している。また，建物の両翼部にある議長室（同④）と書記官長室（同⑤）の外側に面して廊下を入れる。一方，建物正面側の両端にある守衛室（同⑥）と交渉室（同⑦）は張り出しをなくして小さくしている。つまり，本館部分に関する限り，第三次では第二次よりも外壁の凹凸が少ないのである。

　⑥の新聞記者席と一般傍聴席については，第三次の議場2階平面図に，「新聞記者席」と「公衆傍聴席」の表示がある（図25）。第二次仮議事堂のそれと比較すると（図26），第二次ではC字に議場を取り巻いていたが，第三次ではひな壇側への張り出しはない。また，第二次の傍聴席の奥行はどこも同じであったが，第三次ではひな壇と対面する傍聴席の奥行を狭くする。

　⑦のスイスコッテージは山荘を想起させ，第二次仮議事堂に用いられた妻面に施された木彫を含む木組の意匠を表現しているのであろうが，第三次の近世式については判然としないため，その意味を本章6−11にて考察する。

　⑧のテーブルとは議員席の長机のことで，第二次では湾曲していたのに対して，第

三次では確かに直線（直角）である。それは造作を簡単にして工期を短縮するためであった。

図23　第三次仮議事堂の玄関ホール（広間）：親柱や手摺子等にアール・デコ様式の幾何学的形態が認められる。アール・デコ様式については本章6－11で考察。

図24　同・中央玄関：過去様式に見られるペディメント（三角形の切妻壁）ならびに支柱を単純化した意匠や天井面の四角形の繰形等にアール・デコ様式が認められる。同様式については本章6－11で考察。

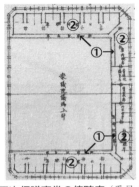

図25　第三次仮議事堂の傍聴席（番号 筆者補）
　　　（①新聞記者席，②公衆傍聴席）

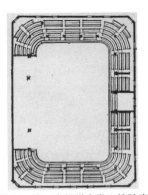

図26　第二次仮議事堂の傍聴席

6-8 議場小屋組

　本章6-4にて紹介した工事中の写真で議場小屋組が写っているのは，図9と図12である。議場小屋組以外にも，衆議院後部（図10）や中央の広間から両議場に繋がる棟に架けられた小屋組（図8）を含めて，すべてキングポストトラス（真束小屋組）の技法で組まれていることがわかる。これら4枚の写真はまだ工事中のものであり，必ずしも小屋組の完全な姿を示していないが，ここではとくに梁間の大きな議場小屋組について検討する。

　まず，議場小屋組の梁間については，第三次仮議事堂の2階平面図（図5），立面図（図3），そして外観写真（図2）から判断して，平面図（図27）の矢印で示した範囲に小屋梁（陸梁）が架かる。梁間の実長は，第三次の図面に寸法表示がないため，議場1階の梁間70尺を拠り所にして算出すると，約67.6尺（＝約20.5m）となる。因みに第二次のそれは約51.5尺（＝約15.6m）であった[17]。次に，屋根の勾配は図3の立面図から採寸すると，4.3寸勾配（4.3／10）である。第二次のそれが6.3寸勾配（6.3／10）であったので[18]，第三次の屋根勾配は緩やかである。

　議場小屋組の部分を拡大したのが図28と図29である。ともに衆議院議場の小屋組で，図28は大正14（1925）年10月21日，図29は同年10月28日に撮影された。これら2枚の写真から判別できる小屋組を図解したのが図30である。

　小屋組は対称形に造られているので，片側（左側）の説明をする。真束から鼻母屋間の中央に1本の束が立ち，大小計5本の方杖が入る。そして二組の挟み吊束が陸梁と合掌を結ぶ。また，合掌には計11本の母屋が架かり，陸梁の継手金物（両側に2ヵ所ある）から陸梁は3本繋ぎである。なお，両端の柱にある方杖が陸梁を下支えする。

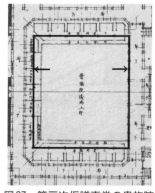

図27　第三次仮議事堂の貴族院議場上の小屋組の範囲
（矢印が梁間）
（囲み 筆者補）

図28　同・工事中の衆議院議場の小屋組（10月21日撮影　図9拡大）

図29　同・小屋組（10月28日撮影　図12拡大）

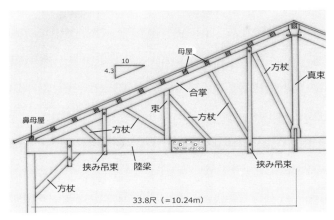

図30　同・衆議院議場の小屋組架構図

　この小屋組に関して筆者は本書第2章と第3章で，第一次ならびに第二次の議場小屋組を，明治時代に「ドイツ小屋」と呼ばれていた技法を用いて復元考察したので，ここではドイツ小屋の要点のみを述べる。

　明治時代にドイツ小屋を紹介した代表的な文献に，明治29（1896）年刊行の『建築学講義録』[19] と明治37（1904）年の『和洋改良大建築学』[20] がある。ただし，ドイツ小屋といっても，わが国の「和小屋」に該当するような呼称は本国ドイツにはなく，わが国の構法との類似性で言えば母屋組（棟木，母屋，敷桁で垂木を支持する小屋組）であり，トラス小屋組を含んだ様々な技法のひとつであった。明治時代にこの呼称が使われたのは，同小屋組を採用したのがドイツ人建築家や技師，松ヶ崎萬長のようにドイツ留学した日本人であったことと，『建築学講義録』の刊行時（1896年）に，わが国においてドイツ小屋の事例が他の洋小屋と区別できるほどに存在していたことからであろう。

　ただ，確認できたドイツ小屋の建築例は明治時代までで，同用語も大正8（1919）年頃に刊行された『建築科講義録』[21] を最後に見出せていない。ドイツ小屋を紹介した『和洋改良大建築学』は大正12（1923）年に『改訂増補大建築学』[22] として出版されたが，この改訂増補版にドイツ小屋の記載はない。

　興味深いのは，同改訂版の執筆者の一人が第三次仮議事堂の設計に関わった大熊喜邦であったことだ。第一次と第二次に採用されたドイツ小屋は，第三次の建設時には紹介すべき構法ではなくなっていたのである。

6－9　防火壁

　本書第3章において，第二次仮議事堂における防火壁の設置が優先事項となっていたことに触れたが，第三次の関連資料からは，とくに防火壁に関する記載は見出せなかった。

そこで，ここでは第二次と第三次の防火壁の箇所について平面図で確認する。図31（第二次）と図32（第三次）に防火壁の設置個所を示す。双方とも，中央部と貴衆両院との境，そして本館部分とその背後を，それぞれ防火壁で区画することには変わりはないが，第二次が食堂（表記は会食室，図31のA）に防火壁を設けていたのに対して，第三次では同箇所（図32のA）にその措置はしていない。

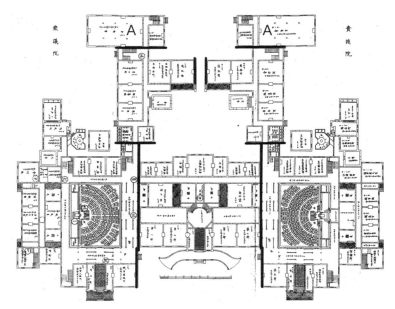

図31　第二次仮議事堂の防火壁（太線箇所とアルファベット　筆者補）

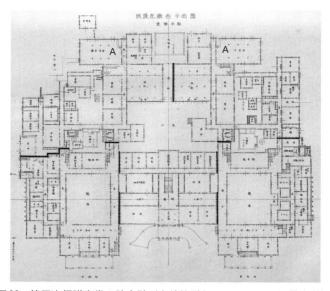

図32　第三次仮議事堂の防火壁（太線箇所とアルファベット　筆者補）

6－10　第三次仮議事堂の意匠「近世式」

　近世式については，新聞記事以外に，本章6－2の再建方針で列記した項目に「急速ヲ要スルモノナルヲ以テ成ルヘク単純ナル近世式ヲ採択セリ」と謳われていた。

　そこで，第三次仮議事堂に採用された「近世式」の意匠上の意味を，まず大正時代の文献から探る。例えば，大正4（1915）年刊行の『東京百建築』[23]では，同書掲載の建築を個々に様式分類する。様式名は「ルネサンス式，ルネサンス系，擬洋風，近世式，印度サラセン風，ゴシック式，セセッション風，和洋折衷」等で，確かに近世式が入る。建築100選の中で近世式に分類された数は少ないが，以下の6件が挙がる。

　エフ・ダブルユー・ホーン商会（明治41年），聖心女学院（明治42年），大蔵省専売局（明治44年），黒澤タイプライター商店（明治44年），伴傳商店（明治45年），上智大学（大正3年）。

　同書には近世式そのものの解説はないので，掲載写真からその特徴を推察する。これらのうち2件を紹介する。黒澤タイプライター商店（図33）については，玄関周りの意匠とコーニス（軒蛇腹）の水平帯等に，そして伴傳商店（図34）については，柱頭飾りを持つ柱形，アーチ形の開口部，ペディメント（三角形の切妻壁）を模した装飾等に，それぞれ過去様式に由来する構成要素が見出せる。ただし，黒澤タイプライター商店の煉瓦張りのみの外観は，伴傳商店に比してはるかに簡素であり，同じ近世式として区別される建物でも意匠上の扱いには幅がある。

図33　黒澤タイプライター商店（1911）

図34　伴傳商店（1912）

　ところで，大正7（1918）年から翌8年にかけて，本議事堂（着工は1920年）を対象にした意匠設計の募集がなされ，応募案118件を大雑把に以下の様式名で分類している。

復興式系統のもの　53件

　　近世式（仮りに近世式と称す）系統のもの　58件

　　日本式　1件

　　雑　　　6件

そして，次の解説が付記される[24]。

　　復興式系統のもの丶中には英国風のもの（十二），仏国風のもの（三），伊国風のもの（二），
　　米国風のもの（二），日本式混在並に日本趣味を加へたるもの各（二），東洋趣味を加へた
　　るもの（一）（略）近世式系統の中には「ゴシツク」,「ローマネスク」,「ビザンチン」若く
　　は「クラシツク」の手法から出発したるもの，東洋趣味を取入れたもの，英国又は独逸趣
　　味を加へたもの等があつた。而して近世式中には只壁に孔を穿つた様なもの十案と，立面
　　に於て竪の線のみ多く，横の線の極めて少い竪縞の織物と同じ様な気分のものも三案あつ
　　た。また復興式としたる内には明治初年の西洋建築の図案とも思はる丶様なもの四案を見
　　掛けた。

　計118件寄せられた応募案の中から20件が当選案として発表された。案ごとに様式
分類はされていないので，復興式と近世式について，上記の解説に該当すると考えら
れる案を紹介する。

　図35は古典主義の構成要素の色濃い作品であるため復興式，それに比して図36は「横
の線の極めて少ない」簡素な壁面が目立つため近世式としてよいであろう。このよう
に，復興式とは過去様式に基づくもので，近世式とは様式に由来しながら，場合によっ
てはかなり簡素化された意匠を持つものであったと推察できる。また，近世式がほぼ
半数あることは特筆でき，この時代の主流になりつつあったといえる。

図35　国会議事堂の懸賞募集案（第一次当選案，1919）

図36　国会議事堂の懸賞募集案（第一次当選案，1919）

昭和時代に入ってからとなるが，同じ議事堂関連で，近世式への言及の有無を調べてみると，大熊喜邦は本議事堂の様式を近世式とする[25]。また東京大学教授で建築家でもあった岸田日出刀（1899〜1966）は，本議事堂にも触れながら，昭和10（1935）年頃までの東京の建築を以下のように解説する[26]。

　　今日東京市に見る建築物の意匠には，多種多様の要素，傾向が相輻輳してゐるが，これを判り易く類別してみると，大凡そ次の四種に分たれるであらう。即ち（イ）過去様式のもの（ヨーロッパ及び日本の過去様式），（ロ）新様式のもの，（ハ）過去様式と新様式の中間的なもの，（ニ）日本趣味様式のものの四つである。（略）帝国議事堂の建築も根本の意匠はルネッサンスに拠つてゐると言へるのだが，純粋に過去様式そのまゝを再現したものではなく，そこには多分の新しい意匠が織り込まれてあるから，むしろ過去様式と新様式との中間にある部類に入れて考へる方がよいかもしれぬ。

　岸田は本議事堂を（ハ）に分類しているので，近世式とは過去様式と新様式の中間に位置する様式となる。では，岸田がいう新様式とは何か。岸田は新様式について，以下のように続ける[27]。

　　東京に新しい意匠の建築が建てられ出してからもうかれこれ二十年になる。（略）最も早くできたものゝ一つに東京朝日新聞社の建物がある。当時ヨーロッパでは欧州大戦直後で，ドイツやオーストリア等で表現主義の建築といふものが旺んであつたが，その感化のためであらうか（略）近頃できる新しい意匠の建築のうち，二三代表的なものを挙げれば，東京駅前の中央郵便局，日本歯科醫専，数々の小学校建築等である。何れも至極簡単な形体をもち，色彩も清楚な白を基調としたもので，一見素人眼には平々凡々な芸のない意匠に見えるであらう。

　岸田の挙げている東京朝日新聞社屋（1927年），東京中央郵便局（1931年）等から，新様式は表現主義建築を含むモダニズム建築と見なしてよい。
　近年の研究では，吉田鋼市は，わが国戦前の建築雑誌の竣工建物に「復興式」「近世復興式」「近世式」という様式名が登場するとして，それぞれ簡潔な説明をしている[28]。その際，アール・デコ建築を基軸に，それ以前を過去様式，それ以後をモダニズムと位置づけた上で，「復興式」とは，ギリシャ，ローマ，ロマネスク，ゴシック，ルネサンス，バロック等の過去様式の造形を用いたもの，「近世復興式」とは，より過去様式に近いアール・デコ，そして「近世式」とは，よりモダニズムに近いアール・デコであるとする。
　吉田はアール・デコについて，「幾何学的に単純化されたクラシックの要素を受け継ぎつつ，様々な近代運動の成果と近代の技術的所産を採り入れ，さらに独特の細部の造形を付け加えたもの」とし，フランスにおけるアール・デコ建築を念頭にその特徴を12に分類する[29]。いくつか紹介する。

左右対称のファサードをもつものが多い。

　　たいていは溝彫りを施した円柱か角柱か柱形をもつ。

　　円窓，楕円窓，八角形窓，六角形窓も多用される。

　　デンティル（四角の部材を歯のように一列に並べた装飾）風の装飾，多くは四半円弧形断面を段々
　　状に迫り出す持送り，ジグザグ・モールディングと呼ばれる三角形断面が連続するギザギ
　　ザ形の装飾が多用される。

　　入り口まわり，窓まわり，建物頂部などにレリーフがしばしば用いられる。

　わが国におけるアール・デコ建築は大正時代後半から現れ，建築事例は昭和初期か
ら同10年頃（1930年代前半）に集中している。大正時代には，自由学園明日館（1921），
帝国ホテル（1923），淀川製鋼所迎賓館（旧山邑邸，1924）等が建てられた。いずれも
フランク・ロイド・ライト（1867～1959）の作品であり，ライトをわが国におけるアー
ル・デコ建築のパイオニアとする[30]。
　『東京百建築』における近世式の事例には明治建築が含まれていたので，同書にお
ける近世式にアール・デコ建築の造形要素は含まれていなかったと考えられる。そこ
で，第三次仮議事堂については，近世式を過去様式と新様式の中間，すなわちよりモ
ダニズムに近いアール・デコとした上で，その意匠を次項にて吟味する。

6－11　外観と内装について

　第三次仮議事堂の外観の特徴は前述したように，車寄せならびにその背後に施され
た特異な柱形の意匠にある。
　貴衆両院に見られる車寄せには，その開口部のアーチ中央にキーストーン（要石）
が付き（ただし，中央玄関の車寄せに要石はない），簡素化されていながらもルネサンス
様式を強く感じさせる（図37）。その背後の柱形には溝彫りが施されているため，古
典様式の円柱を想起させると同時に，柱形が垂直に立ち上がることでゴシック様式の
尖塔ならびにバットレス（控え壁）の造形とも通じる。溝彫りのある柱形，そして柱
形間のレリーフが施された妻壁（図38）はアール・デコ建築の好む造形と装飾傾向の
現れといえる。さらに，第三次の場合は，「成ルヘク単純ナル近世式ヲ採択」との再
建方針からモルタル塗り仕上げとなり，それがモダニズムに近い印象を与えることと
なった。
　次に，第三次の議場を取り上げ，その内装を第二次と比較しながら考察する。第二
次と第三次の議場内については，ほぼ同じアングルの写真がある（図39，40）。ともに
貴族院議場のひな壇側を撮影したものである。第二次では議長席側に，劇場のプロセ
ニアム・アーチのような額縁が設けられ，ひな壇と議員席とを区切っていたのに対し

て，第三次の議長席側はガラス張り天井面まで玉座以外に奥行のない壁面となる。また第三次では，第二次のように2階の傍聴席がひな壇側まで回り込まないので，平明な印象を一層強くする。

図37　衆議院側の車寄せ（図2の拡大）　　図38　中央玄関上部の妻壁（図2の拡大）

図39　第二次仮議事堂の貴族院議場

図40　第三次仮議事堂の貴族院議場

第三次において目立つ装飾は，垂直に立ち上がる柱形，そして玉座周りならびにその両側に設けられた出入口である。前者の柱形には溝彫りがあり，後者にはペディメントならびにその両脇に柱形が付く。この後者の柱形には彫刻が施されるとともに段状の尖塔が載り，外観に用いられた柱形に類似する。これらの出入口のある壁面はやや窪み，半円曲線を繰り返した繰形が付き，出入口のドアに開けられた窓は八角形である（図41）。

図41　同・貴族院議場（図40の拡大）

　また，登壇用の階段の形は5段の四半円であり，その踊り場にある手摺子はよく見られる徳利型ではなく，楕円体を4個繋げたものとする（図42）。さらに，傍聴席のある2階の角柱頂部の両脇には，縦長のS字曲線を2段重ねたような持送りが付く（図43）。このような内装は，まさしくアール・デコ好みといえる。

**図42　同・貴族院議場の階段ならびに
　　　　手摺子**（図40の拡大）

図43　同・柱両脇の持送り（図40の拡大）

　この議場内について，「東京朝日新聞」に以下のコメントがスケッチ（漫画）付きで掲載されている（図44）。

図44 岡本一平によるスケッチ
（衆議院の議長席）

議員の気を鎮めるやうに～と工風したためか，今度の議場内の装飾は西洋のお寺の感じ，就中議長のイスより後のとびらへかけて着席する議長はカンタベリ大僧正の如く見ゆ（略）[31]

　同漫画は衆議院側を描いたもので，岡本一平（1886～1948）による。岡本は，東京美術学校西洋画選科を卒業後，大正元（1912）年朝日新聞社に入り漫画を担当し，毛筆を主としたユーモアに富む「漫画漫文」で人気を博したという[32]。すなわち，岡本はここにゴシック様式の雰囲気を戯画化しているのである。

　このように，議場の内装は過去様式を想起させるとともに，アール・デコ特有の装飾性を加えながら，議員席の矩形の長机，さらにきっちりとした升目を作る格天井と相まって，室内全体は幾何学的な構成要素の強い造作となっているのである。議場以外にも，第三次仮議事堂の玄関ホール（広間，図23）や中央玄関（図24）にアール・デコ様式の幾何学的形態が認められる。さらに付言すれば，第三次仮議事堂は日本人の設計になるという意味で，わが国におけるアール・デコ建築の初期作品に位置づけられる。

　なお，第三次仮議事堂以後に，大熊喜邦が設計したアール・デコ建築に，横浜銀行協会（旧横浜銀行集会所，1936年）と富山県庁舎（1935年，登録有形文化財）があり[33]，それぞれ現存する。富山県庁舎は，鉄筋コンクリート造（一部鉄骨鉄筋コンクリート造）の４階建てで，中央棟の３階と４階部分の窓間に計６本の柱形が付き，柱形の間の３階の窓上には幾何学形態によるレリーフが施される。外観における垂直性のアクセントと簡素な装飾性は，第三次仮議事堂の意匠に通じる。

結　語

　第三次仮議事堂は第二次と同じく，ともに先代の仮議事堂焼失後の再建であり，帝国議会の開期までに竣工させるという責務があった。第二次の工期186日に対して，第三次のそれは82日であった。ごく短期間での建設を余儀なくされたこと，そして第二次から34年後の大正14（1925）年に建てられたことが，第三次を建築史上に位置づける重要な背景となる。本章での考察から，第三次仮議事堂については次のようにまとめることができる。

　第三次は基本的に第二次の基礎を再利用したので，議事堂を特徴づける構成要素である中央の玄関ホール，その左右の横長のホール（大廊下），そして議場の位置は同一であり，２階の便殿の位置，議席を扇形に並べ，議席に対面して段差のあるひな壇を設ける形式も不変であった。

ただし，第三次の本館正面側は，第二次のそれよりも水平方向の張り出し，垂直方向の高さの変化が少ない。それは平面計画ならびに意匠上の単純化で，工期の短縮に繋げるためであった。

　第三次の延建坪は6305坪で，第二次より3割増しとなった。その増加分は主として本館後方の増築で対処した。第三次の貴衆両翼部において，第一次以来の建物の対称性が崩れている。それは，もともと左右対称に建てられていた第二次が大規模な修繕工事（1906～09）の際に増築され，第三次はその残存基礎を再利用したことによる。

　第二次では議場への明かりを屋根の妻壁ならびに側壁の窓から採っていたのに対し，第三次では屋根に大きな天窓を設けることで，議場内の暗さを解消した。

　明治時代の洋小屋の一つであった「ドイツ小屋」は，ドイツ人建築家とドイツ留学をした日本人建築家の設計になる建物に採用され，多くの事例を確認できるが，大正時代にはその流行は去っていた。第三次のキングポストトラス（真束小屋組）は，ドイツ小屋の終息を物語る。

　第三次の様式は，第二次の木組を模した意匠から一新され，当時「近世式」と呼ばれた。近世式とは，モダニズムにアール・デコ建築の要素を混在させた様式であり，第三次の建物内外に認められる。わが国におけるこの種の建築は昭和初期以降に盛んに建てられた。第三次仮議事堂は，その建築年と規模の大きさ，そして官衙としての存在感と影響力を鑑みれば，アール・デコ建築初期の大変興味深い事例となる。

註

1）　営繕管財局編纂：『帝国議会議事堂建築報告書』，昭和13年，p.3

2）　営繕管財局編：『営繕管財局営繕事業年報（大正14年度）第一輯』，営繕管財局，1934，pp.124-125

3）　『帝国議会仮議事堂建築記念』（非売品），光明社，1925　同書の「序言」から。

4）　「仮建築の設計図成る」（「東京朝日新聞」，1925年9月22日付）

5）　「明るく便利に　両院の仮建築」（「東京朝日新聞」，1925年9月29日付）なお，同紙には「仮議院設計図・東正面」と題する第三次の立面図が掲載されている。

6）　営繕管財局編纂：『帝国議会議事堂建築報告書』（前掲書），p.2

7）　「縁起を祝ふ　仮議院の上棟式」（「東京朝日新聞」，1925年10月21日付）

8）　『帝国議会仮議事堂建築記念』（前掲書），頁数の記載なし。

9）　正面長さは，455.55尺（138.04m）という。参照：営繕管財局編纂：『帝国議会議事堂建築の概要』（大蔵省営繕管財局，1936），p.111

10）　『帝国議会仮議事堂建築記念』（前掲書），頁数の記載なし

11）　「仮議院の建築概要」（「読売新聞」，1925年9月29日付）では「栗色石綿スレート葺」，「明るく便利に　両院の仮建築」（「東京朝日新聞」，1925年9月29日付）でも「栗色石綿スレートふき」とする。

12）「明るく便利に　両院の仮建築」（前掲紙）

13）「議院の仮建築は天長節に棟上げ」（『読売新聞』，1925年10月12日付）

14）建物の坪数は，第三次については「仮議院建築概要」（営繕管財局，大正14年12月22日）を，第二次については『帝国議会議事堂建築報告書』（前掲書，p.3）記載の数値を使用し，小数点以下四捨五入する。

15）第二次の議場規模は，堀内正昭：「第二次国会仮議事堂の意匠，平面計画ならびに小屋組について―第一次仮議事堂との比較考察―」，昭和女子大学 学苑・近代文化研究所紀要 No.935，p.14（2018.9）昭和女子大学 近代文化研究所発行　第三次の議場規模は「仮議院建築概要」（前掲書）による。

16）大熊喜邦：『世界の議事堂』（洪洋社，1918）掲載の第二次仮議事堂の議場床勾配の図版から採寸，pp.46-47

17）18）第二次における議場の屋根勾配ならびに梁間については，堀内正昭：「第二次国会仮議事堂の意匠，平面計画ならびに小屋組について―第一次仮議事堂との比較考察―」（前掲書，p.14）

19）滝大吉：『建築学講義録 巻之二』，建築書院，1896，pp.214-218

20）三橋四郎：『和洋改良大建築学 中巻』，大倉書店，1921（第13版，初版は1904年），pp.521-524

21）出浦高介：「西洋家屋構造 全」（『建築科講義録』所収，帝国工業教育会，1919年頃，pp.29-31）

22）三橋四郎原著，大熊喜邦，小島栄吉，大口清吉，横山信：『改訂増補大建築学 第二巻』，大倉書店，1925（改訂3版，初版は1923年）

23）黒田鵬心（編）：『東京百建築』，建築画報社，1915　本章では，『復刻版　東京百建築』（不二出版，2008）を使用。

24）営繕管財局編纂：『帝国議会議事堂建築報告書』（前掲書），p.123

25）大熊喜邦：「帝国議会議事堂建築の梗概」（『帝国議会新議事堂竣功画報』所収，日刊土木建築資料新聞社，日刊雑誌建築知識社，1937，p.10）

26）岸田日出刀：「東京の近代建築」，（『建築の東京』所収，都市美協会，昭和10年）本章では，『復刻版　建築の東京』（不二出版，2007，pp.10-11）を使用。

27）同上，p.11

28）吉田鋼市：『アール・デコの建築　合理性と官能性の造形』（中公新書1786，中央公論新社，2005）pp.17-18

29）同上，pp.21-23

30）同上，pp.51-55

31）「改築議場の感じ」（『東京朝日新聞』，1925年12月26日付）

32）岡本一平については，『ブリタニカ国際大百科事典1』（ティビーエス・ブリタニカ発行），1993（第2版改訂），p.840

33）吉田鋼市：『図説アール・デコ建築　グローバル・モダンの力と誇り』，河出書房新社，2010，pp.121-122

図版出典

図1　『明治・大正・昭和　東京1万分1地形図集成』，柏書房，1983

図2，6〜19，23，24，28，29，37，38，40〜43　『帝国議会仮議事堂建築記念』（前掲書）

図3〜5，25，27，32　営繕管財局編：『営繕管財局営繕事業年報 第一輯（大正14年度)』（前掲書）

図20，35，36，39　営繕管財局編纂：『帝国議会議事堂建築報告書』（前掲書）

図21，22，26　大熊喜邦：『世界の議事堂』（前掲書）

図30　筆者作図

図31　衆議院憲政記念館所蔵（資料名 帝国議会議事堂之図）

図33，34　黒田鵬心（編）：『東京百建築』（前掲書）

図44　「改築議場の感じ」（前掲紙）

第7章　国会議事堂誕生までの軌跡

　明治19（1886）年，エンデ＆ベックマン建築事務所（エンデ＆ベックマンと略す）に国会議事堂の設計依頼がなされ，翌明治20（1887）年，国会議事堂原案ならびに同第2案として和洋折衷案が提出された。しかし，国会議事堂（略す場合は本議事堂）の建設が断念されたため，彼らは仮議事堂案をも作成した。つまり，エンデ＆ベックマンは本議事堂と仮議事堂双方の生みの親なのである。

　明治23（1890）年の第一次仮議事堂の竣工後，仮議事堂時代が広島臨時仮議事堂を含めて第三次まで続いた。一方，本議事堂は明治30（1897）年から審議が再開されたものの紆余曲折を経て，大正9（1920）年に着工，そして昭和11（1936）年にようやく竣工に漕ぎつけた。

　本章では，まず現国会議事堂の概要を記し，5代にわたる議事堂の建築史を振り返りながら，意匠，間取り，議場空間等の様々な視点から比較考察し，その設計開始から完成まで50年を要したわが国の国会議事堂誕生までの軌跡を明らかにする。

　なお，本章では理解を容易にするため，前章までに使用した図を小さく掲載し，元の所在を併記することとする。

7－1　現国会議事堂の概要

　本館の規模を数値で示すと，建坪3,750坪（12,397㎡），延坪15,780坪（52,166㎡），正面の長さは681尺（206.36m），そして側面の長さは292.5尺（88.63m）である。建物は鉄骨鉄筋コンクリート造の地下1階，地上3階建てで，中央部は概ね4階建て，塔は8階まであり，角錐型の屋根の塔頂までの高さは216尺（65.45m）である[1]。

　本館は塔を中心に，正面向かって右に貴族院（現参議院），左に衆議院の両翼部を配する左右対称の構成である（図1，2）。中央の車寄せには外階段が付き，その左右に大きなスロープを設ける。この車寄せは，縦溝（フルーティング）を施した花崗岩製の巨大な4本の円柱からなり，その両脇に4階建ての張り出し部を伴う。このことにより，中央部は堂々とした構えをもつとともに，全体に階段状の幾何学的な造形が強調され，それは段状の屋根とも呼応する。両院の玄関口は1階にあり，同じく4本の円柱を伴う車寄せが付く。また，中央部と同様に，両翼部に4階建ての塔状の張り出し部があるが，こちらは階段室である。

　1階の壁面には目地を深く引き込ませ，表面を粗く仕上げた切石（ルスティカ）が用いられ，開口部をアーチ型とする。上階は平坦な仕上げであるが，2，3階の窓間に垂直性を強調する柱形を付ける。車寄せ以外に独立した円柱は中央塔の下部の4面に，そして本館西側中央の玄関口に用いられる。ただし，西側玄関は双柱とする。この西側の玄関には2階に達する折り返し階段のある「テラス」を張り出させ，その壁面の中央にライオンを象った壁泉を設ける（図3，4）。

図1　国会議事堂東正面側

図2　同　国会議事堂　正面側

図3　国会議事堂　西側

図4　同・西側のテラス

本館の外観は全体的に質実剛健な印象を与えるが，部分的に付けられたレリーフが華やぎを添える。例えば東側中央車寄せのコーニス（軒蛇腹）の上には，盾の左右に鳳凰と唐草とを配した大きな浮彫装飾があり（図5），同じような唐草模様のレリーフが，両翼部，塔屋の4面に，さらに西側正面の玄関口と両翼部に施されている。

　地階には，両院傍聴人玄関，機械及び電気設備に関する諸室等が，1階には，両院玄関，両院事務局関係の諸室等がある。東正面の中央車寄せからは，直接2階にある中央玄関ならびに中央広間に達する。高塔の下にある中央広間は4階分吹抜けで，広間の大きさは9間（16.36m）角，天井までの高さは107尺6寸6分（32.62m）である。同広間の奥に3階の便殿（御休所）に達する帝室階段がある。

　議場のある2階両翼部に（図6），議長室，書記官長室，議員控室，議員食堂等が，2階中央部には，国務大臣関係の諸室，政府委員室等がそれぞれ配される。3階は（図7），中央部に便殿，皇族室など帝室関係の諸室，両院協議室，両翼部に議場の傍聴人席，傍聴人控室，予算委員室，各種委員室等がある。なお，中央部の4階は，書庫，図書閲覧室，新聞雑誌閲覧室等を含む。

図5　東側中央部のレリーフ
4本の円柱ならびに上方の6本の円柱に載るエンタブラチェア（水平材）のコーニス（軒蛇腹）の下端には古典建築に見られるミューテュール（板状の石のこと）が付く。

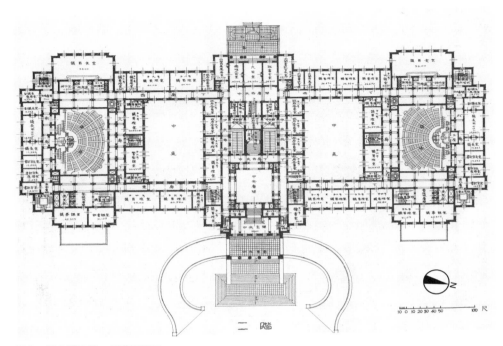

図6　国会議事堂・2階平面図

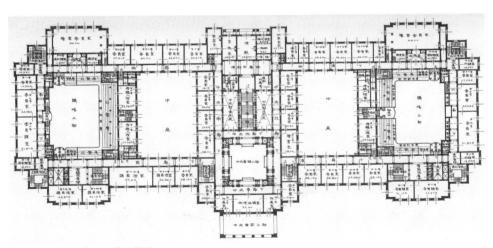

図7　国会議事堂・3階平面図

7-2 日の字型とEの字型プラン

　国会議事堂の平面は，高塔を頂く中央部，その両側に中庭を挟んで両翼部を配置する日の字型であり，それぞれの区画に関連諸室をまとめる。このような議事堂としての大まかな間取りは，明治20（1887）年のエンデ＆ベックマンによる国会議事堂原案（図8，1章図3，p.13）ですでに示されていた。ただ，同原案を国会議事堂と比較すると，原案における中庭は小さく，中央部と両翼部が前方に張り出していることから，アルファベットのEの字型である。

　エンデ＆ベックマンにより本議事堂第2案（図9，1章図5，p.14）として設計された和洋折衷案は，その後の仮議事堂原案に似る（図10，1章図6，p.15）。とくに中央玄関周りの切妻破風と唐破風の意匠，両翼部に見られる尖塔，入母屋造りの屋根形状はほぼ共通する。また仮議事堂原案は，図面の影の付け方から中央部はやや奥まっているように見えるので，Eの字型を継承していたと言える。ただし仮議事堂原案では，玄関両側のホール部分が2層となり，多数の部室，委員室等を配したより現実的な平面計画がなされていたと考えられる。そして，注目すべきは，国会議事堂原案では，同和洋折衷案を含めて中央部に堂々たるドームあるいは塔屋が立ち上がっていたのに対して，仮議事堂原案の中央部は屋根を寄棟造りとして塔屋を持たないことである。

　次の第一次仮議事堂の実施図面と目される仮議事堂第2案については（図11，1章図7，p.17），中央部の八角形の玄関ホールならびにその左右に接続する議員次室の構成が国会議事堂原案に酷似する。しかし，その両翼部の議場周りが2層になっているのに対して，中央部の正面側は平屋である（図12，1章図9，p.19）。また，同案の八角塔は建物の正面長さに対して規模が小さく，議事堂としての威容に欠ける。さらに，第一次仮議事堂の工事中に玄関ホール前に諸室が増築され，塔の設置が見送られたことで，中央部は埋没しかつ記念碑性が殺がれることとなった（図13，1章図1，p.10）。

　その後，第二次，第三次仮議事堂はいずれも前身建物の予期せぬ失火の産物であり，帝国議会の会期に間に合わせるため，基礎を再利用するという制限された中での再建を余儀なくされた。その結果，仮議事堂は本議事堂に見られる日の字型の平面構成を持つことはついになかった。ただし，仮議事堂時代の本館がEの字型プランを継承したのは，敷地そのものにも要因があった。

　仮議事堂が立っていた敷地は，日比谷公園の南西方向に面した，現在経済産業省の立つ街区で，敷地の規模を現在の地図で概算すると，建物の間口に沿った南北方向は約160mである。国会議事堂の立地する永田町の敷地は，大正6（1917）年の「議院建築予定敷地測量図」によると，同じく間口方向は182.75間（約332m）である[2]。

　つまり，仮議事堂の立つ敷地条件では建物の間口方向が窮屈で，中央部に堂々としたドームあるいは塔屋を立ち上げ，相応の大きな中庭を設けるための空間的余裕はなかったのである。したがって，仮議事堂時代において本館で収容できない関連諸室は，敷地の奥（西側）に増築するほかなかった。なお，仮議事堂と本議事堂の正面玄関側は，

双方とも敷地の形状によったのであろうが，ともに東向きである。

　広島に急遽造られた臨時仮議事堂は，日の字型あるいはＥの字型プランではなく，議長室を両院共用とするなど簡略化した間取りで構成された（図14，４章図4，p.68）。しかしながら，玄関口に続く中央通路の突き当りに便殿，供奉室，大臣控所を配し，正面向って右に貴族院，左に衆議院議場を構え，貴族院側に玉座を設けるなど，議事堂としての基本形は変わらなかった。

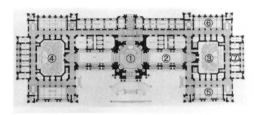

図8，１章図3，p.13　エンデ＆ベックマンによる国会議事堂原案

図9，１章図5，p.14　エンデ＆ベックマンによる国会議事堂第２案（和洋折衷案）

図10，１章図6，p.15　エンデ＆ベックマンによる仮議事堂原案

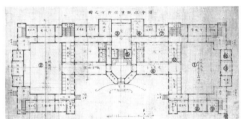

図11，１章図7，p.17　仮議事堂第２案

図12，１章図9，p.19　仮議事堂第２案正面側

図13，１章図1，p.10　竣工後の第一次仮議事堂

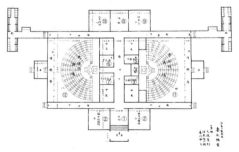

図14，４章図4，p.68　広島臨時仮議事堂

7 － 3　本議事堂成立までの間取りの変遷

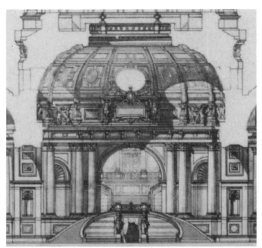

図15　エンデ&ベックマンによる国会議事堂原案・ホール部分の断面図
双柱を伴うドーム天井と奥に二股の階段越しに便殿が見える。

　エンデ&ベックマンによる国会議事堂原案の平面図ならびに断面図（図15）から，中央部の大ドームの直下ならびにホール内には，双柱が2階分吹抜けで立ち上がっていたことが読み取れる。もし原案通りに完成していたならば，中央玄関から歩を進めた人々は，これら巨大な双柱が並び立つ厳格かつ壮麗に仕上げられた空間に目を見張ったことであろう。その記念碑性が圧倒的であるだけに，ここは，上階の「天皇陛下御室」を除けばとくに関連諸室を伴わない半ば空洞化した場所でもあった。

　本議事堂として提案された議院建築準備委員会案から現国会議事堂までの規模等の比較を表－1にまとめる[3]。

表－1　本議事堂の規模の比較

本館	議院建築準備委員会 （明治43）	議院建築調査会 （大正6年）	議院建築意匠設計 懸賞募集規程 （大正7年）	現国会議事堂 （昭和11年）
本館建坪	5000	3625	約3600	3750
同・延坪	22500	10875	—	15780
正面長さ（間）	約125	118	120	113.5
議場（両院共）	202.5	209	210	225

　本館の規模は，明治43（1910）年の議院建築準備委員会案が最大で，建坪で現国会議事堂の1.33倍，延坪数で1.43倍である。

　本書第5章にて議院建築準備委員会案（図16，5章図2，p.88）を紹介したが，同案

は大蔵省臨時建築部で作成された。つまりその部長であった妻木頼黄の議事堂像が色濃く反映されていたはずである。また第5章にて，それ以前の明治32（1899）年の議院建築調査会において，辰野金吾，吉井茂則，妻木頼黄からそれぞれ図面が提出されたが，「某建坪，間取等に至っては各々趣きを異にし（略）一長一短」あったこと，当該図面は見出せないが，その規模が議院建築準備委員会案と同じく5千坪であったことに言及した。議院建築準備委員会案はそれ以後の図面とは異質であったことから，妻木の国会議事堂像を窺うことができるかもしれない。明治32年の議院建築調査会における妻木案は，議院建築準備委員会案に近いものだったのではないだろうか。だからこそ，辰野，吉井，妻木の間で意見が食い違い，案として一本化できなかったとも想像するのである[4]。

　次に本議事堂で示された平面計画（間取り）について，その推移をまとめる。国会議事堂原案に見られる玄関ホールならびにその左右の横長ホールから両院議場に繋がる構成は，議院建築準備委員会案に継承されたと言え，同案の大広堂の左右に議員休憩室があり，それぞれ議場に繋がる軸線がつくられていた。議院建築調査会案では（図17，5章図7，p.91），中央部の広間は正面側に移動し，その奥に長大な帝室階段が設けられた。この広間の移動により，そこから左右に伸びて両院議場に繋がるホールはなくなった。その後の懸賞募集規程（間取略図）と基本設計，そして実施においては，階層の増減を除けば，それぞれの差は諸室の配列と規模の調整であったと言えるだろう。

　本館の階層については，議院建築準備委員会議案では，地下階に加えて4階建ての5層，同決議案では地下階を加えて4層に変更され，次の議院建築調査会案では，本館の階層が半地階，1階，2階の3層であったのに対して，同決議案では，1階，2階，3階の3層構成に変えられた。議院建築意匠設計懸賞募集規程（間取略図）はこれに倣った3層構成であり，基本設計では1階の西及び南北側を半地階とした地上3階建てとなった。そして実施案では，基本設計の半地階を全面的に地階とした3階建てとなった。

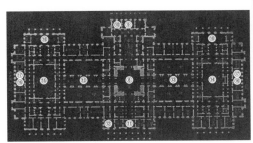

図16，5章図2，p.88　議院建築準備委員会案

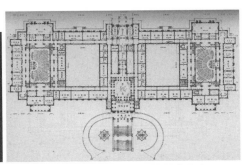

図17，5章図7，p.91　議院建築調査会案

本館が地上3階建てであることについて，その背景を大熊喜邦は次のように述べる。

> 此議事堂の高さに付ては最初の案はせめて地上4階と云ふ案であつた。（略）43年の調査
> 会時分には，高いと上り下りに困る，エレベーターを附ければ宜いぢやないかと云つても，
> エレベータは危くて駄目だ，造つても乗らぬと云ふやうな訳で結局3階になつてしまつた
> ので，其3階案が，後々迄伝へられて，結局地上3階と云ふやうな結果になつて居るので
> ある。[5]

43年の調査会とは，明治43年の議院建築準備委員会のことであるが，この時代の
議事堂の規模が最大で，以後地上3階建てになっていく背景にエレベーターの設置が
問題視されていたとすれば興味深い。

7－4　本議事堂の外観

本議事堂の外観意匠については，国会議事堂原案と懸賞募集による諸案以外に『帝
国議会議事堂建築報告書』に図面の掲載はない[6]。そこで，平面図に書き込まれた柱
形（付け柱を含む）を拠り所にして，外観意匠の一端を読み解くこととする。表－2は，
平面図から読み取れる外観意匠を筆者がまとめたものであり，各委員（調査）会にて
提示された建築様式に関する記載事項を併記する。

議院建築準備委員会の議案における「建築様式ハ伊国復興式ヲ取リ，勉メテ本邦趣
味ヲ加ヘ，以テ本建築ノ様式ト為ス」の可否を審議した結果，同決議で「建築ノ様式
ハ現代国家隆興ノ精神ヲ発揚スルニ足ルヘキモノトス」となった。このことから，同
委員会議案として提出された図面は，「伊国復興式」，すなわち，外観はルネサンス様
式，広く古典主義様式による意匠を想定したものであったろう。この視点で再度平面
図を見ると（図16），建物の東側と西側に列柱廊があり，とくに東側中央部では，列
柱は前後に2重となり，1階には円柱，2階には角柱，3階には円柱の書き込みがあ
る。つまり，同議案では，古典主義のオーダーを意匠の基本として外観に多用し，東
側中央部の1階から3階まで階ごとに列柱を重み積ねるという壮麗な外観意匠が想定
されていた（図18）。なお，同議案の大広堂内の四隅には双柱の表示があり，双柱は
2階に達する。その処理は，エンデ＆ベックマンによる国会議事堂原案に酷似する（図
19，20）。

次の議院建築調査会案（決議案，図17）では，独立した列柱は東側のみとなるが，
正面中央部の列柱ならびに外観全面の窓間に施された肉厚の柱形（付け柱）が3階ま
で達していて，柱による垂直線が強調された重厚な外観が予定されていた。次の懸賞
募集用の図面は略図の性格上，外観意匠については窺い知れない。

最後の基本設計でも，正面側中央の列柱は3階まで達するとともに，両翼部の2，
3階の壁面に円柱が立ち並び（図21，5章図20，p.101），外観になお相応の威厳と格式
が保たれている。

表－2　本議事堂の外部意匠ならびに建築様式

（表中の『報告書』は『帝国議会議事堂建築報告書』（前掲書）のことで掲載頁数を併記する。）

参考	外部意匠	建築様式
国会議事堂原案（明治19〜20年）	・中央にドーム，両翼議場上にマンサード風の大屋根 ・中央部，両翼部，それを繋ぐ棟のいずれにも2層分に達する双柱を配列 ・中央のドーム下部（ドラム）ならびに両翼部正面両脇，さらに両院議場上の屋根の下部に尖塔を付ける。	ネオ・バロック様式

本館	平面図から読み取れる外観意匠	建築様式
議院建築準備委員会案（明治43年）	・東西両側の中央部と両翼部の正面に独立柱が並び，東側中央部は前後に2本ずつ配列。ただし，1階の柱は円柱，2階は角柱，3階は円柱の書き込みがあるため，階ごとに列柱を積み重ねていたことになる。 （参考）大広堂内の四隅に双柱（円柱）の表示があり，双柱は1，2階に達する。	（議案）建築様式ハ伊国復興式ヲ取リ，勉メテ本邦趣味ヲ加ヘ，以テ本建築ノ様式ト為ス（『報告書』，p.45） （決議）建築ノ様式ハ現代国家隆興ノ精神ヲ発揚スルニ足ルヘキモノトス（『報告書』，p.51）
議院建築調査会議案（大正6年）	・東側の中央部と両翼部の正面に角柱が並ぶ。中央部車寄せの柱は1，2階に達し，両翼部の柱は半地階と1階までである。 ・半地階から2階までの外壁すべての窓間に肉厚の付け柱が巡る。	議院建築ノ意匠設計ハ之ヲ国内一般ノ懸賞競技ニ付スルコト 建築様式ハ応募者ノ随意ナリト雖議院トシテ相当ノ威容ヲ保タシムルコト（『報告書』，p.70）
同上・決議	・窓間の付け柱は1階では西側の両翼部と中央部のみに限定されるが，2，3階は議案と同様に，全面に肉厚の付け柱が巡る。	
議院建築意匠設計懸賞募集規程（大正7年）	・「間取略図」の性格上，外観に独立柱や柱形の書き込みはない。	建築ノ様式ハ応募者ノ随意ナリト雖議院トシテ相当ノ威容ヲ保タシムルコトヲ要ス（『報告書』，p.102）
基本設計（大正8年〜）	・2階中央部の車寄せに独立柱（角柱）があり3階まで達する。 ・1階東側の両翼部の玄関口の角柱はその階のみであるが，その2階には各窓間の壁面に円柱の書き込みがあり，そのまま3階に付け柱として続く。	其の意匠は伝統を離れたる独創的の近世式の様式（『報告書』，p.131）

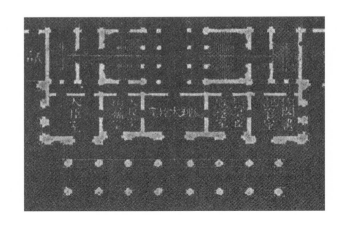

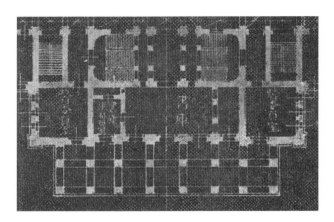

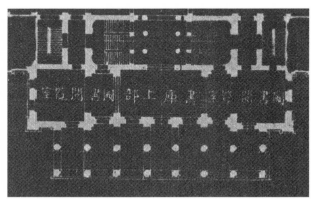

図18　議院建築準備委員会案・正面東側中央部
　　　（上）1階，（中）2階，（下）3階

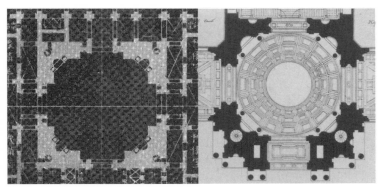

図19 （左）議院建築準備委員会案の大広堂
図20 （右）エンデ&ベックマンによる国会議事堂原案のホール

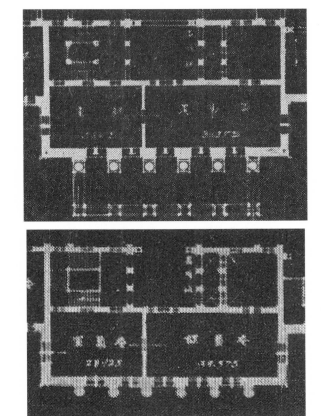

図21 基本設計（上）２階平面図，（下）３階平面図：
　　　貴族院側の正面車寄せの外壁に円柱が立ち上がる。

7－5　仮議事堂と本議事堂との影響関係

　仮議事堂と本議事堂との影響関係について，国会議事堂の工事に携わった池田譲次（当時営繕管財局工務課長）は次のように語る[7]（下線筆者）。

　　本議事堂の設計は古く明治の中頃に各国から吾国に派遣された外国人技師に依つて試案が作製されて以来政府の建築技師によつても幾多の試案が作製されたが，設計の根幹を為す平面計画は何れも我国独特の国体に鑑みて，主として帝室関係並に政府関係の諸室を集めて之を中央部とし，之れに左右両翼部を配して其所に貴衆両院議場を始めとして，両院関係の諸室を夫々配属せしめると云ふ方式で立案せられた。仮議事堂も其平面計画は此方針に依つて建設せられたのであつた。仮議事堂は（略），其都度建築されたが其平面計画の大要は最初のものが踏襲されたのであつて，特に著しい変改は行はれて居ない。第一回帝国議会以来最近の第六十九回帝国議会迄主として仮議事堂が使用され来たつた結果，之を使用する総ての人々の間に使用上の慣習，慣例を生じて来たのであつて，本議事堂の場合も（略），又既成の慣習，慣例をも尊重し，結局中央部は帝室関係並に政府関係の諸室とし，左右両翼部を設けてこれに夫々貴衆両院の諸室を配して左右対称の形態が採用せられるに至つたのは自然の帰着である。

　池田は，間取りの類似性から，本議事堂原案が基本となり，仮議事堂に影響を及ぼし，さらに現議事堂にも踏襲されたと述べる。表－2において，平面図から読み取れる外観意匠の推察を行ったので，ここでは，大正14（1925）に竣工した第三次仮議事堂に本議事堂が及ぼした影響の有無を考察する。

　第三次の外観における特徴は，第6章で述べたように，中央部と両翼部に設けられたアーチの開口部を連続させた車寄せ，そして，これら3つの玄関口に集中的に配された尖塔付きの柱形の意匠であった（図22，6章図37，p.127）。一方，実施直前の基本設計では，図21のように両翼部2階の正面側に6本の円柱があり，それらは3階に付け柱として立ち上がっている。ただし，基本設計時に作成されたとされる議事堂の模型写真を見ると（図23，5章図21，p.102），両翼部正面側における2，3階の窓間の柱形は平坦で，当該図面とは一致しない。その点に関して，基本設計の平面図の欄外にある「基本設計図ハ震火災ニヨリ焼失セルヲ以テ本図ハ細部ニテハ設計図ト相違セル所アルヲ保シ難シ」[8]との注記から，図面と模型との不一致を説明できる。

　基本設計は大蔵省臨時建築局（1918年6月設置）が，その後継の同省営繕管財局（1925年5月設置）が第三次仮議事堂の設計を行っており，本議事堂と仮議事堂という相違はあるものの，両者の設計主体は同じであった。基本設計の平面図に書き込まれた付け柱は本議事堂に採用されなかったが，その意匠が第三次仮議事堂の再建に復活したのは，設計担当者の脳裏に魅力的な意匠として焼き付いていたからであろう。

図22, 6章図37, p.127　第三次衆議院側の車寄せ　　図23, 5章図21, p.102　基本設計（模型）

7－6　議場の規模について

　筆者は，これまで第一次から第三次仮議事堂，そして広島臨時仮議事堂の議場について，小屋組技法の復元を試みてきた。議場は議事堂における大規模かつ象徴的空間であり，最適な音響ならびに採光（照明）が求められる場でもあった。振り返れば，第二次仮議事堂では，第一次の曲面天井から音響と照明を配慮したガラスの格天井への転換と天井高の低減，必要諸室の拡大，議席の床勾配を大きくすることによる視界の改善など様々な展開がなされていた。また，第二次では議場への明かりを屋根の妻壁ならびに側壁の窓から採っていたのに対し，第三次では本議事堂に倣って屋根に大きな天窓を設けるに至った。

　ここでは，本議事堂における議場の規模について検討する。本章表－1に示すように，議場規模は，明治43（1910）年の議院建築準備委員会での202.5坪から微増し続け，現議事堂では225坪となる。この議場空間に関して，大正6（1917）年の議院建築調査会議案において，第二次仮議事堂の議場との比較がなされている[9]。その記述から得られる情報を表－3にまとめる。

表－3　第二次仮議事堂と議院建築調査会議案における議場の比較

議場	第二次仮議事堂（明治24年）	議院建築調査会議案（大正6年）
規模（両院共）	142坪	209坪
議席数	貴族院388席，衆議院381席	各450席
傍聴席	貴族院557席，衆議院718席	貴族院726席，衆議院1213席
高さ，奥行（梁間），幅（桁行）の比率	1：2：3	2：3：5

　議院建築調査会議案（以下，議案と略す）は議席数の増加に伴い議場の規模を大きくする。

　そして，第二次の議場は「音響ノ伝達比較的良好ニシテ室ノ大サ割合ハ高サ一ニ対し奥行二，幅三ノ比ヲ保テリ依テ新計画（議案のこと＝筆者註）ノ議場モ亦之ニ近キ比ヲ保タシムルヲ可トスヘシ（略）必要上該席（傍聴席のこと＝筆者註）を二層に設クヘ

キカ故ニ其ノ天井ノ高サハ勢ヒ之ヲ増加セサルヲ得サレトモ能フ限リ之ヲ低下シ床上約四十一尺内外ニ止メ似テ室ノ大サ割合ヲ高サ二，奥行三，幅五ノ比タラシメントス (略)二，三，五ノ割合ハ音響ノ明亮ヲ期スル上ニ於テ適当ナル形状ノ一ニ属シ」[10]と，議案では第二次仮議事堂を参考にしつつ，音響学上の知見を取り入れ，天井高の上限を約41尺（12.42m）とする。

　議場の高さと奥行（梁間），幅（桁行）の比率において両者に相違があるのは，議案では議場の規模拡張と傍聴席数を増加する必要から傍聴席を上下2層に設置したことで，議場に占める天井高の比率が第二次より高まったことによる。

　第二次仮議事堂の議場については第3章にて詳述したので，要点のみ再掲する。第二次の議場における高さ，奥行（張間），幅（桁行）の比率は1：2.25：2.98で，奥行は62.28尺，幅は83.2尺である。

　では，議場の各寸法は具体的にどこまでの長さで算出しているのであろうか。第二次の議場では（図24，3章図20，p.59），その奥行と幅の比率から，奥行は議場のひな壇までを含んだ長さであった。議場の天井高については，高さと奥行の比率1：2.25で算出すると，27.68尺（8.39m）となる。この数値を議場（貴族院）の断面図に当て嵌めると，概算となるが，ひな壇の床よりも少し高い玉座の床辺りとなる。なお，比率を高さ1に対して奥行を2とした場合の天井高は31.14尺（9.44m）で，それはほぼひな壇の床からの高さとなる。いずれにせよ，議場に比率を当て嵌める場合，使用する図面の精度に左右されるので誤差が生じる。ここでは，議場の高さをひな壇から天井面までとし，表－3の1：2：3は，小数点以下を整数に丸めた数値と解釈する。

図24，3章図20，p.59　第二次仮議事堂貴族院議場の断面図

　この議場の比率について，議院建築調査会以前の明治43（1910）年の議院建築準備委員会で，同会の委員であった妻木頼黄は興味深い発言をしている[11]（下線筆者）。

　　各国ヲ調査シテ参リマシタトコロノ技師ノ報告，又私ガ調ベマシタトコロノ結果ニ依リマスルト一番音響ノ良イ議事堂ハ世界ノ何処デアルカト申シマスルト亜米利加ニゴザイマスル議事堂ガ音響ガ最モ宜シウゴザイマス又其議事堂ノ室ノ形状ハドウナツテ居ルカト申シ

マスルト高サガ一，幅ガ三，奥行ガ二ト云フコトニナツテ居リマス此一，二，三ト云フ比例
ガ最モ音響ガ良イノデアリマス（略）此案ニゴザイマスルモノハ成ルベク其比例ニ合フヤ
ウナ議場ノ形状ニナツテ居リマスル（略）此案ニ挙ゲテゴザイマスルモノハ幅ガ三ニ対シ
奥行ガ二，高サハ可成的低下セシメ約四十五尺内ト云フコトニナツテ居リマス

　議場を決める比率は，その７年後の議院建築調査会の内容に通じるとともに，妻木
は天井高の上限を約45尺（13.64m）とする。では，表−３に戻り議院建築調査会議
案の議場に，高さ，奥行，幅の比率２：３：５を当て嵌める。高さは不明なので，平
面図から議場の奥行（ひな壇を含める）は約11間，幅は約19間で，奥行と幅の比は３：
5.2となり，小数点を四捨五入すれば３：５となる。

　これらの議場の比率を「間取略図」，懸賞募集入選１等案，そして現国会議事堂で
検証する。まず「間取略図」（図25，５章図８，p.93）でも不明な議場の高さを除くと，
平面図から奥行と幅の比は１：1.44で，こちらは２：３に近い比率となる。入選１等
案（図26，５章図17，p.99）の奥行と幅の比は，平面図から間取略図と同じく２：３の
近似値となる。また，同断面図（図27）からは高さ（ひな壇から）と奥行の比は１：1.63
で，１：２とするにはやや高さが勝る。

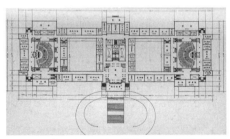
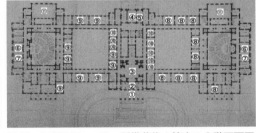

図25，５章図８，p.93　間取略図　２階平面図　図26，５章図17，p.99　懸賞募集１等案の２階平面図

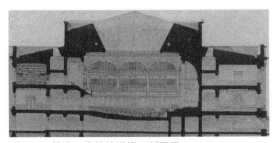

図27　１等案　貴族院議場の断面図

現国会議事堂の議場幅は105尺であるが[12]，奥行については平面上ひな壇に凹凸があるため，72尺（議長席まで）と78尺（玉座の手前まで）の2通りとし，天井高はひな壇からの38.8尺で算出する（図28）。この場合，高さ，奥行，幅の比は，38.8：72（あるいは78）：105となる。幅105尺を基準にすると，1：2：3の場合は，35尺：70尺：105尺となり，2：3：5の場合は，42尺：63尺：105尺である。近似値としては1：2：3の比率となる。なお，現在の議場の床からの天井高は42.2尺であり，それは妻木頼黄の発言にあった上限45尺以内となり，議院建築調査会議案（大正6年）で提示された天井高約41尺にほぼ等しい。明治43（1910）年の議案で示された比率ならびに天井高は，その後の議場設計の指標であり続けていたと考えられる。

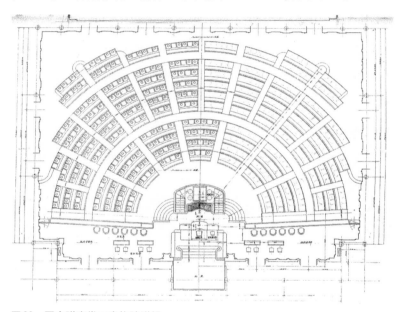

図28　国会議事堂の貴族院議場

7－7　大規模建築への憧憬—高塔の存在

　議事堂竣工時に刊行された『帝国議会議事堂建築の概要』は末尾に，「興味の深い議事堂の数字的見方」と題して，完成した議事堂の規模等を，項目別にときには他の建造物と比較した数値で示す[13]。例えば，「高さ」については，電信塔ならびに煙突等を除いて「議事堂の塔が第一位で，次が三越本店の塔，つづいて東寺の塔等である」，「広さ」は，「事務所建築で面積の一番広い建物は丸ノ内ビルデイングで，議事堂はこれに次いで第二位」などとある。そして，挿絵として「中央広間内部と五重塔との比較図」（図29）を挟んで，高塔の直下にある「広間の大きさは九間角（一六米三六角）で，天井までの高さは百七尺六寸六分（三二米六二），大和法隆寺の五重塔が丁度入る大いさである。」[14]と，塔の高さを法隆寺五重塔を持ち出して誇らしげに説明する。いか

—150—

にも議事堂竣工時（昭和11年11月）に刊行された書籍らしく，この国家建築の規模，すなわち壮麗さを数値によって寿ぐのである。

図29　中央広間内部と法隆寺五重塔との比較図

そこで議事堂の象徴的存在である高塔について，本議事堂の正面長さとの関係を，懸賞募集入選案にエンデ＆ベックマンの原案を加えて比較検討する[15]（表－4）。なお，塔の高さは塔頂の小尖塔部分を除く。

表－4

現議事堂と諸案	塔の高さと正面長さとの比
現議事堂	1：3.15
懸賞募集1等案	1：3.21
同・2等案	1：4.45
同・3等1席案	1：4.12
同・3等2席案	1：4.41
エンデ＆ベックマン原案	1：2.72

　本館における塔の高さと正面長さとの比は，1等案が最も現議事堂に近く，エンデ＆ベックマン原案がそれに準じる。1等案と現議事堂の正面図を比べると（図30，31），1等案の塔が高く見えるが，1等案のまま建てられていたとすると，塔頂までの高さは約67.4m，現議事堂のそれが65.45mとなり，両者に大きな差はないのである。参考までに，塔の高さと横幅の比を検討する。その際，現議事堂の場合は6本の円柱のある部分，1等案の場合は最も長い胴回りとし，ともに側面の張り出しを除くと，現議事堂は約2.9対1，1等案は約3.8対1となる。それは，矢橋による1等渡邊案に対する「塔が如何にも細長くつて，恰好から云へば満足とは言ひ難い」[16]との批評の通りであり，現議事堂において中央塔は横幅を広げてより重厚な姿を得たのである。

図30　1等案

図31　現議事堂

　さらに，高塔と堂内における広間からの天井高とを比較する。現議事堂の広間の天井高は107.66尺（32.62m）であり，216尺の高塔は天井高の2倍となる（図32）。因みに広間幅と天井高の比は上記の数値から1対2となり，奇しくも同じ比率を有している。これらの比率を他の本議事堂案と比較する[17]（表–5）。

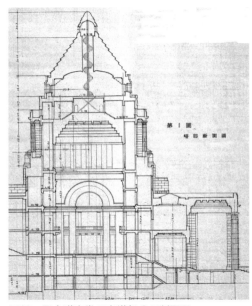
図32　国会議事堂の高塔部分の断面図

表－5

現議事堂と諸案	広間の天井高と塔の長さとの比	広間幅と天井高との比
現議事堂	1：2.0	1：2.0
懸賞募集入選1等案	1：2.8	1：1.7
同・2等案	1：2.3	1：1.2
同・3等1席案	1：1.3	1：2.3
同・3等2席案	1：1.7	1：2.0
エンデ＆ベックマン原案	1：2.4	1：1.2

懸賞募集入選４案の中で，１等案（図33）は塔が高いものの，その高さが議事堂内の広間の天井高には反映されていないこと，堂内の広間にあっては，３等１席案（図34）の天井が最も高くその分壮麗であったことがわかる。このことから，現議事堂はこれら両者の中間に位置するような天井高をもつ設計がなされたと言える。

図33　１等案　断面図（書込み　筆者補）

図34　３等１席案の断面図（書込み　筆者補）

７－８　本館における東西軸

　明治20（1887）年のエンデ＆ベックマンによる国会議事堂原案には，堂内を貫く２つの軸線があった。ひとつは広間を中心にして両議場に至る南北軸であり，もうひとつは中央部を通る，玄関―広間―帝室階段―便殿を結ぶ東西の軸線である。ここに，２つの軸線により議会の二院制と天皇制が明瞭に示される平面計画が示されたことになる。

　本議事堂において２つの軸線は，明治43（1910）年の議院建築準備委員会案に見られたが，同案では南北軸は中庭の真中を横断する。中庭との関係では，この議院建築準備委員会案はＥの字型から日の字型への移行を示していると言える。同案以後は広間の移動に伴い，東西の軸線だけが残ることとなる。

この広間を中心とした象徴的な空間を演出するために，国会議事堂原案には直進階段ではなく，二股の階段が構想されていた（図15）。同原案では，広間の両側に階段があり，双方の階段は踊り場で一つになり，そこから奥に続く階段を経ると次の踊り場で二股に分かれて上階の便殿前の廊下に達する。ホールから階段室を見上げると，上方奥に便殿が見え，そこへ至る二股の階段が織り成す優美で壮麗な計画がなされていたことがわかる。この二股の階段は，第一次と第二次仮議事堂の広間で使用されたが，本議事堂においては，議院建築準備委員会案からは直進階段となる。

　また，広間から階段室を経た便殿への見え方については，懸賞募集入選4案の断面図で検証すると，桁行断面図のない3等2席案を除いて，図面の上ではどの案も広間から便殿（全景ではなく一部）を見ることが出来る（図33，34のA）。したがって，本議事堂では設計当初から広間と便殿を結ぶ強固な軸線を平面図上で終わらせず，実際に可視化する配慮がなされていたと言える（図35）。

図35　国会議事堂の広間から階段室の奥にある便殿（御休所）を臨む。

7－9　塔屋の形状

　国会議事堂に見られる角錐型の塔屋について，鈴木博之はそのデザイン源として，同じ階段状ピラミッド型のモニュメントであるマウソレウム（霊廟）の語源となった，マウソロス王の墓を挙げる[18]。そして，設計者を国会議事堂の意匠の実施担当者であった吉武東里と推察する。吉武は，恩師である武田五一のデザイン観をよく受け継いでいたといわれ，師の意を国会議事堂の屋根に用いたという。武田五一は，階段状ピラミッドを実際に霊廟として設計していた。それは伊藤博文の銅像を据えるための台座で，明治44（1911）年2月に神戸市の大倉山公園に建てられた。伊藤は周知のようにわが国の初代内閣総理大臣であり，明治23（1890）年に国会が開設されたときは初代

貴族院議長でもあった。議事堂建設に際してもっとも深く想起された人物として，吉武は恩師の霊廟をここに再現したというのである。

　興味深い説である。筆者はこの独特とされる屋根形状について，図面の変遷史の中で考察してみたい。

　懸賞募集入選４案では，第１等案から３等１席案までドーム屋根を頂くが，３等２席案の屋根は角錐型であった（図36）。屋根形状を第１次審査で残った20案に広げると，ドーム型は７件，角錐型は５件（図37），陸屋根の塔型は４件，そしてこれらに属さないもの４件となる。

　　　　１等案　　　　　　　　２等案　　　　　　　３等１席案　　　　　３等２席案

図36　懸賞募集入選４案（中央塔）

図37　懸賞募集入賞案で角錐型の塔屋を持つ案

　確かにドーム型の塔屋は最終選考４案中の３案で採用されたが，第１次選考においては20案中７案で，圧倒的に多いわけではなかった。本議事堂設計時には，ドーム型は屋根形状として絶対的な存在ではなく，他の形状を取捨選択できるほどに相対化されていたのではないだろうか。少なくとも，ドーム型に拘らない土壌ができていたことは確かである。

　伊藤博文の霊廟台座を設計した武田五一は，国会議事堂が竣工に近づいていた時に，

建築学会で開催された座談会で次のように語っている[19]（下線筆者）。武田以外の人物は佐藤功一と片岡安である。

> 佐藤君：今建つて居る議院建築と云ふのは，大蔵省案だけれども，主として武田さんですか。
> 武田君：あれはみんな寄つてやつたんですよ。結局は小林君の原案に依つて，懸賞の1等当選案に依つて，さうしてみんなが寄つて，<u>あゝでもない，かうでもないと云つて作り上げた</u>，その時は池田君，僕，それから主として小林金平君そんなものです。
> 武田君：あと，<u>中央の塔は，帽子を取り換へて今のやうなものになつた</u>。
> 片岡君：（略）今は1人の若い頭の良い創作家がやつた建築の出来て居るのは1つもありません。みんな老人か経験のある人が寄つてたかつて，帽子を変へ羽織を変へ，色を変へ，さうして出来たものだ，これだけは確かだ。

　この議事堂談議においては，武田五一にとって，自分が設計した台座が弟子の吉武によって塔屋に再現されたことはエピソードとして申し分ないにもかかわらず，その経緯も吉武東里の名も出していない。

　ここで，国会議事堂の最終段階の設計に関わった人物を確認する。大熊喜邦によれば「意匠設計は技師小嶋栄吉を製図掛主任とし技師吉武東里，小林正紹氏以下本間武雄，新保一吉，大森芳太郎等多数の技術者これを分担し，兼任技師武田五一氏参画した」[20]という。

　本議事堂の設計者については，他に長谷川堯が推察を行っている[21]。長谷川によれば，本議事堂の意匠は工事の責任者であった「工務部長矢橋賢吉の「趣味」の投影であったと考えるのが自然であろう。（略）国会議事堂のデザインを，直接に線を引いて決めたのは，小島栄吉をチーフとした吉武東里，小林正紹などの設計チームであったことになる。（略）吉武東里は（略）武田の弟子らしく室内やその細部の装飾的意匠をよくこなした設計者であり，外観のデザインとはほとんど無縁であっただろう。」と，断定を避けながらも吉武東里を外観意匠の担当者から外す。いずれにせよ，組織として設計が行われた場合の人物の特定は困難を伴う。この塔に関して大熊喜邦は，議事堂の意匠の検討用に作製された模型に言及して，「設計の当初に於て先づ以て本館模型を作成しこれを資料として研究した。中央塔の如きは六七回も模型を作つたものである。」と回想する[22]。

　以上から，現議事堂の意匠は関与した人々による合作であったこと，中央塔は「帽子を取り換へて今のやうなものになつた」こと，そのため塔の形が決まるまでに何度も模型による検討を繰り返していたことがわかる。

　先に，この塔にまつわるエピソードとして『帝国議会議事堂建築の概要』において，塔の高さを五重塔を持ち出して誇らしげに書いていたことを紹介した。単純な形態の類似となるが，議事堂高塔の角錐型は，寺院の塔の屋根，すなわち方形（宝形とも）を真似たとも言えるのである。

確かなことは，塔の形状は最初から角錐型が想定されていたわけではなく，試行錯誤の結果の産物であったということだ。直前の懸賞募集1等案は，さすがに関係者の脳裏に焼き付いていたであろうから，当初は塔の屋根にドーム型が想定されていたと思われる。そして，その意匠の検討中に，関係者の中の誰かの閃きで「取り換へ」が行われたという前提で，鈴木が唱えた伊藤博文の霊廟台座説は一石を投じる。

　もちろん，別の解釈の余地はある。五重塔の類推から角錐（方形）屋根が発案され，それに霊廟台座という別のイメージが加わり屋根が段状に変化したという考え方も成り立つであろう。筆者は，この塔の形状に複合的な意味が込められていたのではないかと考えている。それは，先の建築学会の座談会で，「みんなが寄つて，あゝでもない，かうでもないと云つて作り上げた」という当時の実情に近いと思うからである。

7－10　合作としての国会議事堂

　国会議事堂の意匠は合作であったという観点から，本議事堂と懸賞募集案との類似性を探ってみる。例えば，1等案の意匠において同案のドームを支える下部（ドラム）に着目すると，そこには6本の柱を並べた張り出し部が付く。それは，本館正面側の中央の車寄せと両翼部の列柱と呼応するかのように塔の4面を飾り立てる。しかも，中央車寄せにはコリント式，両翼部にはイオニア式，そして高塔にはドリス式のオーダーを用いていることから，オーダーへの拘りが見て取れる。さらに観察すれば，高塔の列柱のあるドラムの下のコーニスにはトリグリフ（縦方向に3本の帯が入る飾り）が巡る。トリグリフはドリス式オーダーに特徴的な意匠である。

　この種の列柱の意匠は，現議事堂の中央車寄せ，両翼部，そして高塔に同様の処理がなされ，塔屋の下部にトリグリフが認められるのも1等案の影響であろうか。もっとも，現議事堂の車寄せに用いられたオーダーの柱頭は，古代エジプト・アッシリアに顕著なパーム（棕櫚の葉の文様化）を想起させるという違いはある[23]。

　さらに，現議事堂と1等案との関連でいえば，中央車寄せの両脇を両翼部を繋ぐ棟より高い張り出し部で固めていること，ボリュームに差はあるものの中央部は段状に構成されていること，そして両翼部議場上を陸屋根の表現にしていることが両者に共通する。その他，以下の諸点でも国会議事堂との類似性が見つかる。

・1等案西側中央部の玄関口に2層分立ち上がる双柱，その2階と3階の間の壁面に施されたレリーフ，そしてコーニスに施された四角い額入りのレリーフ（図38，39）。この額入りのレリーフは，1等案の東側立面図における中央部と両翼部を繋ぐ棟のコーニスにもある。

・3等1席案における1層目に目地を入れ，開口部をアーチ型にしていること，そして上2層の窓間に柱形を入れているところ（図40，5章図12，p.95）。

　このように，現議事堂には懸賞募集入賞案からの様々な意匠が取り込まれている。

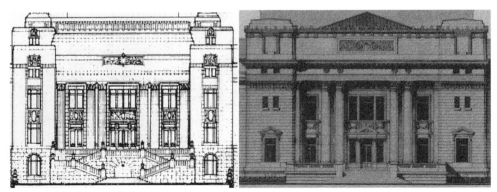

西側中央部の玄関口の比較
図38（左）国会議事堂　　　　　　　　　　　　図39（右）1等案

図40，5章図12，p.95　3等1席案

7－11　国会議事堂の様式

　本章の表－2で整理したように，本議事堂の様式に懸賞募集規程では「議院トシテ相当ノ威容ヲ保タシムルコト」，そして基本設計では「伝統を離れたる独創的の近世式」が求められた。この近世式の用語は，大正14（1925）年の第三次仮議事堂，そして昭和11（1936）年の本議事堂竣工時の様式名に使われた。議事堂としての威容の保持と単なる西洋建築のリバイバルではない様式が推奨されたのである。なお，議事堂は大正9（1920）年に地鎮祭が挙行され建設が始まるので，第三次と同時代の建築として扱うこととする。

　近世式については，第6章にて第三次仮議事堂の意匠分析の折に触れた。また第5章にて，大正7（1918）年から翌8年に実施された懸賞募集入選案のうち3等2席案が「セセッション」と評されたことを紹介した。

　本章7－4にて，明治43（1910）年の議院建築準備委員会案以後の平面図から独立柱ならびに柱形を拠り所に意匠分析を行った。そこから，時代が下るごとに柱が立ち並ぶ車寄せや列柱による厳格な構成，そして柱形による垂直性の強調が弱まる傾向にあった。すなわち，古典主義の根幹であるオーダーによる構成は最優先ではなくなり，簡略化されていくのである。その流れの中で，懸賞募集の3等2席案（図41，5章図13，p.95）に見られたセセッションによる外観意匠が出現したのであるが，議事堂に用いるのは異端とされたのだった。

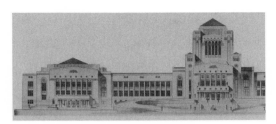

図41，5章図13，p.95　3等2席案

　第5章で紹介したように，矢橋賢吉によって同案になされた「此の案はセセッツションであるが，そのスタイルの選び方が第一間違つてゐる。であるから議院として必要な荘重の風格が少しも現はれて居らぬと思ふ。何かのテムポラル・ビルデングとしてならば誠によいデザインであらう。」[24]との評は，大正後期における建築様式の潮流をよく物語っている。そして矢橋は，「希臘式の精神を取り容れたルネッサンスの風趣は荘重にして穏健である。此の荘重，穏健といふやうな外観上の要素は議院建築の如き性質の建物には最も必要な要素である。」[25]と言い切るのである。そこで，この「荘重にして穏健」を議事堂の意匠を読み解く鍵とする。

　筆者は，第6章において第三次仮議事堂の考察に際して，吉田鋼一の研究成果を援用して，近世式をよりモダニズムに近いアール・デコとして意匠分析を行った。第三次は工期短縮のためかなり簡略化された設計施工がなされ，外観では凹凸の形状が減り，外装は平明なラスモルタル塗り仕上げとなった。そのため，文字通り近世式（よりモダニズムに近いアール・デコ）という様式を当て嵌めることができたのだった。

　しかしながら本議事堂の場合，そこにより以上の荘重と穏健が求められたであろうから，第三次仮議事堂と同様に近世式と呼ぶとすれば，近世式の内容に解釈の幅が生じる。ここに，国会議事堂を何か一つの様式として捉えようとするときの困難さがある。

　現議事堂の3階建ての外観意匠を見ると，1階を粗面仕上げの切石積みとし，2，3階はわずかに張り出した柱形で処理する。本書でしばしば登場する妻木頼黄の代表作である旧横浜正金銀行本店（神奈川県立歴史博物館，明治37年築，図42）を取り上げると，議事堂と同様の処理がなされている。しかし，その印象は全く別物である。旧横浜正金銀行本店の場合は，切石仕上げの1階に，コリント式の柱頭をもつ肉厚の付け柱を3階まで立ち上げている。また壁面のコーニスには凹凸が付き，建物に躍動感を与える。さらに八角形のドーム型塔屋が，ペディメント（三角破風）をもつ正面玄関の双柱のオーダーとともに，建物に威厳と格式を与えている。ここには確かに西欧の過去様式のリバイバルした姿があり，それゆえネオ・バロック建築と呼ぶことができる[26]。

図42　旧横浜正金銀行本店（神奈川県立歴史博物館）

　旧横浜正金銀行本店と同じく，１等案もオーダーが全体を支配しているが，１等案の中央部と両翼部を繋ぐ棟は柱形のない簡素な処理をしているため，１等案の外観意匠は整然とした佇まいを保持している。この妻木によるネオ・バロック様式の明治建築と１等案の差異は明らかであり，それが１等案の外観を高く評価した矢橋賢吉の言う「荘重にして穏健」の内実ではないだろうか。

　現議事堂の外観における古典的なモチーフは，車寄せと高塔に見られる縦溝入りの円柱とエンタブラチュアである。エンタブラチュアとは古典建築に用いられた円柱の上に載る水平材の総称で，下からアーキトレーヴ，フリーズ，コーニスの３層から成る。この水平材は，旧横浜正金銀行本店ならびに懸賞募集１等案に見られ，それぞれ外壁を一周する。それに対して，現議事堂に用いられたエンタブラチュアは簡略化されるとともに，その処理も１等案とは異なる。現議事堂においてエンタブラチュアは，外観の中央部では両脇の塔状の張り出し部で，両翼部でも４階建ての階段室のところで，水平方向を絶たれる。そのため，１等案以上に現議事堂の中央高塔部が際立つのである。

　現議事堂の外観には，所々に額入りのレリーフが付く。とくに中央部車寄せのコーニス上のそれは，位置的に１等案のペディメント（三角破風）内の浮彫装飾の代わりと見なせるであろう。また，そのコーニスの下端には，ミューテュール（ドリス式オーダーに特有の板状の石）に似た部材が過去様式の断片のように取り付く（図５）。つまり，国会議事堂の全体的には質実と言える外観に装飾がアクセントとなり，壁面には抑制された柱形がオブラートのように貼り付き，高塔，円柱，切石仕上げが荘重さを加えているのである。

　本議事堂の図面の成立史において，筆者にとって興味深い図面は議事堂の着工前の

基本設計である。本章7－5で述べたように，同平面図における両翼部玄関の2，3階の窓間に施された円柱の付け柱は着工直前に無くなり，単なる柱形に取り替えられたが，その付け柱は第三次においてまるで蘇ったかのように再生したからである。本議事堂においては，その種の付け柱は不要であっても，仮議事堂においては簡略化された躯体への最大の意匠上の役割を果たしたのである。当時の人々にとって，国会議事堂も第三次仮議事堂も様式上は同じ近世式であった。両者において，「荘重にして穏健」を如何に担保するかが課題であり，付け柱の有無はそうした状況の中で行われた取捨選択の結果であった。このように，国会議事堂に見られる様々な意匠上の処理は，議事堂に必要とされた表現を模索した組織としての回答であった。

　建築学会の座談会における「みんなが寄つて，あゝでもない，かうでもないと云つて作り上げた」，「中央の塔は，帽子を取り換へて今のやうなものになつた」との発言は，議事堂の意匠に関する実直な声として筆者に響く。

註

1）　大熊喜邦：「帝国議会議事堂建築の梗概」，（『帝国議会新議事堂竣功画報』所収，日刊土木建築資料新聞社／月刊雑誌 建築知識社発行，昭和12年，pp.10-11）『近代日本建築史』（日本図書センター，2011年，pp.164-165）（底本：『建築百年史；近代篇』（建築百年史刊行会，有明書房，1957年）　営繕管財局編纂：「帝国議会議事堂建築の概要」，昭和11年，pp.51-52

2）　営繕管財局編纂：『帝国議会議事堂建築報告書』，昭和13年，測量図はpp.64-65に挿入

3）　営繕管財局編纂：『帝国議会議事堂建築報告書』（前掲書）

4）　妻木頼黄と辰野金吾の間に，国会議事堂の主導権を巡って確執があったことが知られている。長谷川堯：『日本の建築〔明治大正昭和〕4 議事堂への系譜』，三省堂，昭和58年第2刷（第1刷昭和56年），pp.164-176

5）　大熊喜邦：「議事堂建築の概要」（建築学会編：「建築雑誌」623号：昭和12年2月所収，p.202）

6）　営繕管財局編纂：『帝国議会議事堂建築報告書』（前掲）なお，本議事堂の意匠については，ほかに帝冠様式による下田菊太郎案が知られているが，ここでは言及にとどめる。

7）　池田譲次：「帝国議会議事堂建築の横顔」（『帝国議会新議事堂竣功画報』（前掲書）所収，p.21）

8）　営繕管財局編纂：『帝国議会議事堂建築報告書』（前掲書），図面はpp.132-133に挿入

9）　大蔵大臣官房臨時建築課編輯兼発行：『議院建築調査会議案』大正7年1月，pp.79-85

10）　同上，pp.80-81

11）　大蔵省臨時建築部：『議院建築準備委員会議事要録』，明治45年3月，pp.184-185

12）　現国会議事堂の議場規模は，次の文献による。大蔵省営繕管財局編：『帝国議会議事堂建築報告書附図』（昭和13年3月）

13）　営繕管財局編纂：『帝国議会議事堂建築の概要』（昭和11年11月），pp.111-120

14）　同上，p.59

15）懸賞募集案ならびにエンデ＆ベックマン原案については，図面から直接採寸。懸賞募集案については，次の文献を参照：『議院建築意匠設計競技図集』（洪洋社），大正8年10月

16）『帝国議会議事堂建築報告書』（前掲書），p.129

17）参照は註15に同じ。

18）鈴木博之：『日本の「地霊」（ゲニウス・ロキ）』講談社，1999，pp.10-27

19）建築学会編：「回顧座談会」『建築雑誌』617号所収，1936.10，p.126
　　なお，同座談会は昭和11年2月13日に開催された。

20）大熊喜邦：『帝国議会新議事堂竣功画報』（前掲書），p.10

21）長谷川堯：『日本の建築〔明治大正昭和〕4 議事堂への系譜』（前掲書），pp.180-181

22）大熊善邦：『帝国議会新議事堂竣功画報』（前掲書），p.14

23）柱頭飾りについては，『世界の文様1 ヨーロッパの文様』，小学館，1991，鶴岡真弓の用語解説による。p.226

24）『帝国議会議事堂建築報告書』（前掲書），p.130

25）同上，p.129

26）回顧座談会では，「独逸ルネツサンス」とする（註19，p.145）

図版出典

図1，3，6，7，29，31，38：営繕管財局編纂：『帝国議会議事堂建築の概要』（前掲書）

図2，4，5，35，42：筆者撮影

図8，15，20：Technische Universität Berlin, Plansammlung

図9，10：Deutsche Bauzeitung,1891

図11：昭和女子大学図書館所蔵

図12：「東京朝日新聞」（別紙1889年1月3日付）昭和女子大学堀内正昭研究室所蔵

図13：日本建築学会図書館所蔵

図14：「建築雑誌」，107号，1895.11

図16，17，18，19，21，23，25，26，37：営繕管財局編纂：『帝国議会議事堂建築報告書』（前掲書）

図22：『帝国議会仮議事堂建築記念』（非売品），光明社，1925

図24：大熊喜邦：『世界の議事堂』，洪洋社，大正7年

図27，30，33，34，36，39〜41：『議院建築意匠設計競技図集』（前掲書）

図28：大蔵省営繕管財局編：『帝国議会議事堂建築報告書附図』（前掲書）

図32：「建築雑誌」，623号，1937.2

おわりに

　国会議事堂をテーマにしたのは，第一次仮議事堂の図面の発見がきっかけであった。その着工から竣工までの経緯を明らかにし，議場空間の復元を自らに課した。したがって，図面を中心とした視覚資料の収集と分析が研究の主軸となった。この第一次で用いた方法を第二次以下にも応用して，建設年代順にまとめたものが本書である。とくに小屋組の復元には，立体的な考察が不可欠である。平成18（2006）年と同25（2013）年の夏休み後半から10月にかけて，研究室でゼミ生たちと試行錯誤を繰り返して模型製作に励んだ日々は，今となっては良い想い出である。

　本書の執筆が終わろうとしていたとき，国会議事堂と関係する2つの展覧会が開かれた。ひとつは「分離派建築会100年：建築は芸術家？」（パナソニック汐留美術館：2020年10月10日〜12月15日）で，もうひとつは「議会開設百三十年記念議会政治展示会」（国立国会図書館東京本館新館展示室：同年12月10日〜12月23日）。

　前者の展覧会では，国会議事堂に関して「抜け出せない歴史主義，その閉塞感」という見出しで，懸賞募集入選1等案の意匠に対して，国民的新様式の誕生は肩すかしに終わったとの解説がなされていた。その際，同1等案とともに，他の懸賞募集案から3点の正面立面図が並べられた。しかし，そこには本書で言及した入選3等2席案，すなわちセセッションと評された案は除外されていた。明治期からの歴史様式を背負った建築からの脱却を目指した分離派の流れを汲む案の存在を示すことは，議事堂案を批判的に見る展覧会のテーマにそぐわなかったからだと推察する。議事堂の様々な設計案を復古調として一刀両断するのではなく，新たな様式への試みがなされていた事実にも触れるべきであったと思うのである。

　後者の議会政治展示会では，当研究室で製作した第一次仮議事堂・貴族院議場部分の復元模型，広島臨時仮議事堂の全体模型，そして同貴族院議場部分の復元模型の計3点が展示された。これらの作品が，議会政治史の枠組みの中で場所をいただけたことは幸甚の至りである。

　本書では，第一次仮議事堂から本議事堂に至る半世紀にわたる建築史を叙述してきたが，国会議事堂の輪郭が掴めた程度である。その輪郭が内実を伴ってはっきりとした像を結ぶには，現国会議事堂そのものの詳細な分析が必要である。それを今後の課題としたい。読者の方々からは，是非ともご意見ならびにご叱責をいただければ幸いである。

　筆者は，国会議事堂を過去2度訪問した。本書執筆中に3度目となる見学（2020年10月）を行い，建物内外を踏みしめるようにじっくり歩いた。今回の目的は，当時の設計者達が議事堂に託した理念を追体験することであり，起伏のある敷地に建つ議事堂の外観を様々な位置から眺め，堂内では議場のほか，中央広間から階段そして便殿（御休所）へと続く空間を体感した。

　最後に，本書の執筆に当り，とくにその動機付けともなる第一次仮議事堂の図面購入にお力添えを頂けた平井聖先生（昭和女子大学名誉学長）に，また，本書をご査読下さった近代文化研究所所長（大学院文学研究科日本文学専攻教授）の烏谷知子先生に，記して感謝申し上げる。